Disciplina e limites: mapas de amor

CONFORME ACORDO ORTOGRÁFICO DA LÍNGUA PORTUGUESA (AOLP)

Dados Internacionais de Catalogação na Publicação (CIP)
(Câmara Brasileira do Livro, SP, Brasil)

Rosas, María
Disciplina e limites: mapas de amor/María Rosas; tradução All Tasks. -- São Paulo: Cengage Learning, 2009. -- (Coleção aprender para crescer)
Título original: Disciplina y límites: mapas de amor

Bibliografia
ISBN 978-85-221-0752-0

1. Crianças-problema 2. Disciplina infantil 3. Educação de crianças 4. Obediência 5. Pais e filhos 6. Psicologia infantil I. Título. II. Série.

09-04493 CDD-155.41824

Índice para catálogo sistemático:

1. Desobediência: Comportamento infantil: Psicologia infantil 155.41824

Disciplina e limites: mapas de amor

María Rosas

Tradução
All Tasks

CENGAGE Learning™

Austrália • Brasil • Japão • Coreia • México • Cingapura • Espanha • Reino Unido • Estados Unidos

Disciplina e limites: mapas de amor
María Rosas

Gerente Editorial:
Patricia La Rosa

Editora de Desenvolvimento:
Fernanda Batista dos Santos

Supervisora de Produção Editorial:
Fabiana Alencar Albuquerque

Produtoras Editoriais:
Monalisa Neves
Gisela Carnicelli

Título Original: Disciplina y límites: mapas de amor
(ISBN-13: 978-970-830-068-1;
ISBN-10: 970-830-068-3)

Tradução:
All Tasks

Copidesque:
Arte da Palavra

Revisão:
Cárita Ferrari Negromonte
Érika Sá

Diagramação:
Alfredo Carracedo Castillo

Capa:
Souto Crescimento de Marca

Para informações sobre nossos produtos, entre em contato pelo telefone
0800 11 19 39
Para permissão de uso de material desta obra, envie seu pedido para
direitosautorais@cengage.com

ISBN-13: 978-85-221-0752-0
ISBN-10: 85-221-0752-1

Cengage Learning
Condomínio E-Business Park
Rua Werner Siemens, 111 – Prédio 20
Espaço 04 – Lapa de Baixo
CEP 05069-900 – São Paulo – SP
Tel.: (11) 3665-9900 – Fax: (11) 3665-9901
SAC: 0800 11 19 39

Para suas soluções de curso e aprendizado, visite **www.cengage.com.br**

Impresso no Brasil.
Printed in Brazil.
1 2 3 4 5 6 7 13 12 11 10

Dedicatória

Este livro foi escrito pensando em todos os pais que estão convencidos de que não é necessário contradizer as crianças nem negar nada a elas e, além disso, acreditam que pais e filhos devem ser só amigos. Esses pais me ajudaram a compreender como é necessário dar limites no tempo certo, praticamente desde quando as crianças são muito pequenas. Esses limites, com uma disciplina amorosa, são os pilares da formação emocional de nossos filhos. Sem medo, vamos nos atrever a exercer nosso papel como adultos, facilitar o caminho para eles, aprender a impor limites, para sua própria segurança física e emocional.

Sumário

Apresentação da coleção Aprender para Crescer

Lembro-me perfeitamente de quando resolvi passar para o papel tudo o que sabia, ou pensava saber, sobre a formação e a educação dos filhos. Os meus, para começar, como início exploratório, sem dúvida constituiriam uma base exemplar. E por que não, se eu lidava diariamente com as essências mais puras referentes aos temas que preocupam a maioria dos pais, se eu havia vivido e continuava a experimentar em todo seu esplendor e dor os matizes da maternidade, se reconhecia na imagem que o espelho revela uma mulher dedicada à superação e à felicidade de seus filhos? Não estava totalmente errada, porém, ao suspirar sobre o respaldo de minha cadeira cúmplice e, depois de meses sem esticar as pernas, compreendi que os filhos da minha narrativa haviam criado um tecido indestrutível entre meus sentimentos e minha realidade como mãe. Foi ao ler, perguntar, acomodar, suprimir e reconhecer que alcancei a imensidão do entendimento: são os filhos que nos carregam de energia para levá-los e trazê-los; são os filhos que projetam metas pessoais ao descobrir o mundo por meio dos nossos passos; são eles que nos abraçam nas noites mais confusas e solitárias; são nossos filhos que traçam, com invejável precisão, a bússola da união familiar. É claro que, como pais, nós nos graduamos com eles, mas também é verdade que o manual de convivência, desenvolvimento e harmonia é redigido em conjunto com os filhos, como um núcleo. Por isso compartilho esta coleção, *Aprender para Crescer*, com todos os pais que dividem seus horários entre visitas ao pediatra e partidas de futebol e também a todas as mães que compreendem os carinhos e laços invisíveis – inclusive os da alma. Este compêndio de experiências, testemunhos, confissões e recomendações enaltece as vozes dos especialistas, orientadores, professores, mães e pais que provêm curiosamente de diversos caminhos, mas, porque traçam a vida assim, estão entre cruzes e sob pontes para tomarem fôlego e estenderem a mão. Que este seja o propósito de nossa paternidade: segurar com disciplina, amor, diversão, cautela e liberdade as mãos de nossos filhos e permitir que continuem caminhando para serem não apenas os melhores exemplos, mas também sólidos e eternos encontros.

Disciplina e limites: mapas de amor trata do que é considerado a coluna vertebral de um ser humano, independentemente de sua idade: a formação. Você encontrará diversos testemunhos e conselhos práticos – e também clínicos – sobre as diferentes táticas para evitar que nossos filhos se transformem não apenas em pequenos monstros, mas também em adultos intratáveis, antissociais e desagradáveis.

Introdução

Imagine que está andando pela rua e, de repente, seu filho de 2 anos se solta de sua mão e sai correndo sem notar se vem um automóvel ou não, ou que estamos no supermercado em um domingo às cinco da tarde e nossa linda filha de 4 anos começa a fazer manha e imediatamente nos torna alvo de olhares dos presentes. Pensemos também no que sentimos quando a escola do filho de 9 anos nos chama, pela terceira vez no mês, para informar de seu mau comportamento. Ou quando nossa pré-adolescente de apenas 11 anos fecha a porta do quarto na nossa cara quando exigimos que não nos responda com grosseria.

Alguma dessas histórias soa familiar?

Sem dúvida, mães e pais enfrentam pelo menos uma vez na vida situações semelhantes. Como as encaramos? Como lidamos com esses momentos nos quais a única coisa que queremos é desaparecer aos olhos de nossos filhos, ou sair correndo e nunca mais voltar?

Todos nós nos sentimos com raiva, frustrados, desconsolados e bastante desorientados quando nos damos conta de nossas reações aos momentos mais difíceis de nossos filhos. Por acaso gritar, bater, ofender e maltratar servem para melhorar o comportamento da criança?

Este livro trata desse tema. Fala da forma como nós, pais, encaramos a imposição de limites e disciplina na educação de nossos filhos. Fala também da importância de considerar ambos, limite e disciplina, como mapas do caminho que levará nossos filhos a serem pessoas melhores, mais responsáveis, mais tolerantes e, por que não, mais felizes.

Esta não é uma coletânea de recomendações de psicólogos e terapeutas infantis ou familiares – é um testemunho de todos que estão aprendendo a ser pais na prática. Eu, por exemplo, não sou pedagoga, psicóloga nem pediatra, muito menos especialista em questões de educação e desenvolvimento infantil. Sou mãe e, desde que meus filhos (Daniel e Lucía) nasceram, tenho me dedicado à tarefa de entrevistar centenas de mães apenas para reforçar a ideia de que, embora não saibamos tudo sobre como educar crianças, não somos tão ruins nisso. Obviamente, incluo o enfoque de alguns especialistas, porque é sempre orientador. No entanto, destaco as experiências cotidianas de quem sobe, desce, entra, sai, busca os filhos, trabalha, prepara o jantar, briga com a TV e o *videogame*, grita, fica com raiva e chora sozinha à noite com sentimento de culpa pelo medo de não estar cumprindo com perfeição sua função: a de mãe.

Este livro faz parte de uma coleção de solidariedade e cumplicidades maternas, pensada como um material que nos permitirá conhecer os testemunhos de outros pais.

Disciplina e limites: mapas de amor é uma obra que nos dá a oportunidade de refletir sobre a relação pais-filhos. Diz o ditado que "é errando que se aprende" e, por mais que me doa reconhecer, isso se aplica à educação e, se não nos amparamos nos limites, na disciplina e em permitir que nossos filhos enfrentem uma boa dose de frustração, eles serão os principais afetados, já que não conhecerão o melhor caminho para o crescimento, não terão ferramentas para encarar a vida adulta e viverão eternamente aborrecidos.

1

Filhos disciplinados: missão impossível?

Três semanas antes de seu aniversário de casamento, Laura e Jorge nos convidaram para um almoço de comemoração. Acredito que tenham feito isso com tanta antecipação porque sabem que geralmente é difícil deixarmos as crianças com alguém. Porém, nessa ocasião, não tínhamos pretexto para não ir e as crianças não iriam conosco. Lucía ficaria com a avó, e Daniel iria a uma excursão com os escoteiros, que duraria pelo menos até as seis da tarde.

Depois de muito tempo sem sairmos juntos, a ideia de fazer isso sem as crianças e na companhia de um grupo divertido de amigos parecia para mim e para meu marido um verdadeiro presente caído do céu.

No entanto, com os filhos nunca se sabe o que o destino nos aprontará, e essa vez não foi exceção: minha filha quis nos acompanhar e o passeio de Daniel acabou antes do planejado. Por causa do retorno imprevisto de nosso escoteiro, meu esposo teve de sair do almoço às quatro da tarde, com a ideia de regressar

– mas não o fez. Ao buscar o menino no parque, o chefe do grupo de excursionistas reclamou amargamente do comportamento de Daniel, a ponto de advertir o menino que, caso se comportasse mal durante a semana seguinte em casa, não poderia retornar ao grupo.

A única educação eterna é esta: estar bastante seguro de uma coisa para se atrever a dizê-la a uma criança.

G. K. Chesterton

A consequência da conduta rebelde do menino já havia sido anunciada pelo instrutor. Era suficiente e Daniel de fato lamentava isso, porque finalmente havia conseguido se integrar – eu diria até que tinha chegado a gostar – ao grupo de garotos exploradores, e o que menos queria era perdê-los. No entanto, assim como muitos pais de hoje, estamos convencidos de que "as crianças estão terríveis" e nunca há sanções suficientes para seu mau comportamento. Assim, Guillermo, meu marido, decidiu aplicar o castigo imediatamente, levou-o para casa e, além disso, proibiu o menino de assistir a seu programa de TV preferido durante uma semana. É claro que teve de ficar em casa com o garoto e não voltou para o almoço.

Seria uma reprimenda suficiente para Daniel? Ele entenderia que deveria se comportar bem depois desse exagerado conjunto de medidas contra seu mau comportamento?

Provavelmente não, e as razões para isso são muito simples. O menino não entendia por que o levaram para casa de castigo e, como se fosse pouco, proibiram-no de assistir à TV por uma semana, se já havia sido sentenciado com a proibição de retornar ao escotismo a menos que se comportasse bem.

"Existe castigo pior que esse, mãe?", ele me perguntou naquela noite.

Lembro também que reclamou porque não tínhamos lhe perguntado os motivos de sua conduta – para nós, era o que menos importava naquele momento.

Claro, o pai reagiu de acordo com sua convicção do que era melhor para o garoto naquele instante. No entanto, o resultado do excesso de corretivos foi negativo para todos: ao castigar o menino em casa, Guillermo acabou se castigando, porque não conseguiu retornar ao almoço. Daniel falou comigo chorando e me perguntou se eu o amava apesar de ter se comportado mal. Eu também fui prejudicada. A ideia de ficar sozinha sinceramente não me agradava. Era a única "solteira" e tive que me despedir dos amigos muito antes do previsto – e também de má vontade.

Dois dias depois, Daniel estava parado em frente à TV assistindo ao seu programa preferido – o castigo tinha sido suspenso.

Valeu a pena a confusão que tivemos de enfrentar, quando teria sido mais fácil aplicar uma, apenas uma, sanção lógica para a má conduta de Daniel? Acho que não.

Uma mãe, entre as muitas que entrevistei para saber como lidam com o assunto de limites e disciplina no cotidiano com os filhos, explicou que, nessas questões, assim como no que se refere aos castigos, ela e seu marido eram "um modelo a ser seguido".

"Um dia, minha filha Paola, de 11 anos e a ponto de entrar na pré-adolescência, jogou longe a mochila do irmão menor, e com isso os cadernos e livros da escola foram danificados.

Ricardo, meu marido, e eu estávamos planejando passar o fim de semana fora da cidade, mas fiquei tão brava quando ouvi o choro do menino pelo que tinha acontecido que disse a Paola que não iríamos a lugar algum e comecei a recolher, com meu filho, a mochila e os materiais.

Lembro que Paola chorou muito porque se sentia profundamente culpada e temia a reação de seu pai quando soubesse do ocorrido.

Era uma quarta-feira, e as ameaças continuaram na quinta e na sexta, dias em que a menina se sentiu muito mal e chorava a cada vez que se lembrava daquilo. Insistia que não era um castigo justo.

Quando chegou o fim de semana, como você pode imaginar, não cumprimos as ameaças e, além disso, ninguém se lembrava delas. Fomos viajar muito felizes. Paola convidou sua melhor amiga e nos divertimos muito."

Não teria sido melhor que essa mãe arrependida e indecisa tivesse obrigado sua filha a recolher as coisas do irmão e exigido um pedido de desculpas bem no momento da agressão?

Sim, sem dúvida teria sido uma consequência lógica e de acordo com a ação da garota, o que teria evitado choros, ressentimentos e ameaças – mas atire a primeira pedra o pai que não tenha passado por algo semelhante!

Quase todas as mães que conheço perderam a paciência várias vezes e também ameaçaram seus filhos com um castigo que dificilmente poderia ser cumprido. O problema surge quando ameaças e castigos não cumpridos se transformam na espinha dorsal da relação com nossos filhos.

Disciplina, limites, castigos, gritos e palmadas são temas que preocupam qualquer pai ou mãe do mundo. Quantas vezes ouvimos pais aflitos perguntando-se se não estariam cedendo demais a seu filho ou questionando-se sobre a forma como educam as crianças, ou até mesmo afirmando que seus pais eram melhores nisso?

> Algumas vezes, o castigo imposto à criança que desobedeceu ou desrespeitou uma regra familiar é igual ou mais prejudicial para o resto da família

"No meu caso, bastava uma olhada do meu pai para que eu obedecesse; por outro lado, com meu filho, posso arrancar os olhos e ele nem dá atenção à minha raiva", conta Mónica Fernández, mãe de dois filhos.

Também ouvimos muitos pais garantirem que "uma palmada na hora certa é melhor do que tolerar a manha das crianças", mas nós, mães que ameaçamos nossos filhos sem parar para pensar no que estamos dizendo e, geralmente, não conseguimos cumprir com as ameaças, somos maioria.

Lourdes Laborde tem dois filhos, uma garota de 9 anos e um menino de 11. É responsável por levar e buscar as crianças todos os dias na escola. Normalmente, o percurso matinal é feito sem problemas, mas uma manhã elas começaram a discutir sobre a cor do carro que estava ao lado, até que Linda, a filha, começou a chorar. O irmão fez uma saraivada de críticas contra "a barulhenta da irmã" até que a mãe, gritando e socando o volante, advertiu que, se não se calassem, ela os obrigaria a seguir viagem sozinhos em um táxi. É claro que as crianças não acreditaram, pois já estavam acostumadas a todo tipo de ameaças e, assim, a briga e o choro continuaram. Lourdes parou e saiu furiosa do carro, diante do olhar atônito dos filhos. No entanto, ao ver a hora e se dar conta de que só tinha oito minutos para chegar à escola, desistiu de seu intento e limitou-se a advertir as crianças de que, da próxima vez, cumpriria suas ameaças.

Linda e Fernando olharam-se com uma cara de "você acredita nisso?".

"O que você queria que eu fizesse, que as botasse em um táxi e as expusesse a algum perigo? Além disso, estavam a ponto de fechar a porta da escola na minha cara", explica Lourdes, preocupada ao ver sua incongruência desmascarada.

Ela não sabe que o que tento fazer ao reproduzir esses testemunhos é "acordar" as mulheres que têm a sorte de ser mães para que se deem conta de que o mesmo acontece com todas. Lutamos incessantemente para ter filhos felizes, organizados e racionais, mas, apesar de nossos esforços, erramos. Todas as noites, lemos um dos muitos livros que prometem – nem sempre com os melhores resultados – nos ensinar a disciplinar nossos pequenos, mas, pela manhã, quando carregamos o peso da realidade (crianças, café da manhã, escolas, uniformes, mochilas, maridos que pedem atenção etc.), esquecemos tudo o que nosso livro de cabeceira nos explicou.

De acordo com o doutor Arturo Mendizábal, psiquiatra infantil acostumado a falar com pais de todo tipo e a tratar de toda espécie de problemas infantis:

A falta de consistência dos pais de hoje com respeito aos limites tem algumas explicações. A primeira é que sentem muita culpa – pela criança, pelo medo de prejudicá-la, machucá-la, de ser um mau pai ou uma mãe ruim, de arruiná-la.

Acreditam, de forma equivocada, que corrigir a criança implica um dano irreversível, e isso se difundiu muito, o que tem feito que pais convivam com crianças às quais só se atrevem a "tratar com pinças": crianças que não respeitam limites ou ouvem broncas.

Outro motivo é a quantidade de informações que os pais recebem de fora. Hoje em dia, há um mercado editorial repleto de ofertas técnicas a respeito de como ser pai e, assim, no lugar das mães, temos seres muito assustados que não sabem o que fazer. O famoso instinto maternal foi enterrado sob toneladas de conselhos e há a crença de que as crianças são um tipo de aparelho que exige manual de instruções.

De acordo com o que foi dito, a culpa nos acompanha constantemente no processo de educação e criação de nossos filhos. Nos testemunhos relatados, nós a encontramos depois que castigos e ameaças são impostos. Por exemplo, Daniel, meu filho, conseguiu assistir ao seu programa preferido todos os dias; os pais de Paola não só não suspenderam sua viagem de fim de semana, como também permitiram que convidasse uma amiga; e Fernando e Linda, filhos de Lourdes, chegaram à escola a tempo e no carro da mãe.

Pessoalmente, pouquíssimas vezes cumpro as ameaças de castigo. Por quê? Porque me dá trabalho. Fico aterrorizada com a tristeza de meus filhos se não veem seu programa predileto.

Se brigam na mesa e peço que se retirem, começo a sentir uma grande angústia, porque ficarão sem comer. Sou inimiga das palmadas, e gritar não funciona comigo, porque não há firmeza nos gritos e, sim, muito a ver com minhas próprias frustrações.

> *É necessário argumentar com as crianças. Elas entendem os motivos desde que sabem falar e, se não estou enganado, gostam de ser tratadas como criaturas coerentes desde muito antes do que podemos imaginar.*
>
> JOHN LOCKE

Embora me custe reconhecer isso, meus filhos percebem que grande parte das regras e dos castigos que imponho segue mais meu estado de ânimo do que outra coisa. Conclusão: não me ouvem.

Ofelia de la Fuente, mãe de Mariana e Alejandra, de 9 e 13 anos, conta que, como qualquer outra mãe, aprende rindo de si mesma:

"Há alguns anos, a forma de colocar limites ou impor castigos era regida pelo meu tempo e estado de ânimo: se tinha pressa, tudo devia ser rápido. Tinham de comer rápido, fazer rápido a lição de casa, tomar banho em um piscar de olhos. Meus limites baseavam-se na famosa teoria do 'não, quer dizer, sim; não, melhor não; melhor depois'. Além disso, se estava mais tranquila, permitia que fizessem a lição de casa mais tarde e tudo era mais relaxado.

Agora, percebo que meu incongruente sistema educacional não funciona. As meninas estavam confusas e aprenderam que conseguiam o que queriam de acordo com o meu humor. Implementei a fórmula com base no 'você me dá e eu te dou', o que tem funcionado muito bem.

Hoje, a relação com minhas filhas no tocante a limites é melhor e muito mais congruente. O 'dar e dar' talvez não seja tão novo, mas continua sendo o melhor caminho. Se Alejandra quer uma permissão, sabe que para conseguir tem de me oferecer antes algo em troca. Por exemplo, terminar a lição de casa cedo durante toda a semana, evitar que eu fale, todos os dias, para colocar a mochila no lugar etc. Creio que seja um bom sistema e estou vendo resultados estupendos."

O que são limites?

Os limites são um princípio elementar na formação dos filhos. Na verdade, metaforicamente, dizem os especialistas, as crianças já nascem com eles, como pequenas adições que devemos aprender a operar sem medos.

De acordo com o doutor Mendizábal, crianças muito pequenas têm problemas para distinguir entre realidade e fantasia. A educação que recebem entre os 3 e 5 anos é a que as ajuda a fazer essa diferenciação.

Os limites permitem que a criança diferencie entre o que pode ou não fazer, e se isso não é ensinado de maneira firme e constante, ela se confunde. Por volta dos 5 anos, as crianças devem diferenciar entre a fantasia e a realidade, e só conseguem isso mediante a ação dos limites.

Os especialistas em matéria educativa afirmam que os limites têm a função de orientar a criança para que aprenda a enfrentar as exigências do mundo em que se desenvolve.

Em seu livro *Límites a los niños. Cuándo y cómo* (Limites para as crianças. Quando e como), as doutoras alemãs Cornelia Nitsch e Cornelia von Scheling garantem que os limites são meios de ajuda e pilares importantes que preparam o terreno para que a criança possa se movimentar nele de maneira segura e protegida. Segundo elas, os melhores professores na arte de impor limites são as próprias crianças:

> Os pais de hoje têm medo de impor um excesso de proibições e castigos, ou de mostrar domínio excessivo – a educação autoritária os apavora. São mais tolerantes, mais liberais e mais amistosos do que os pais de antes, mas às vezes lhes dá trabalho desenvolver um conceito de educação. Não há dúvida de que as crianças percebem o grau de insegurança de seus pais, o quanto são desamparados e vulneráveis. É dessa forma que se produz um questionamento contínuo de regras e limites. No entanto, foi dado tanto poder a muitas crianças, que elas não demonstram o menor respeito pelas necessidades de outras pessoas; mas, no fundo, o que pedem aos berros é para sentir uma mão firme.

Quase todos os pais discordam da maneira como fomos educados, embora, no discurso, muitos aceitamos que ela nos ajudou. Lembro, por exemplo, que em casa obedecíamos mais por temor do que por convicção e, em um ato de desculpa a meus pais por seu autoritarismo, em discussões calorosas com outras mães defendi a forma irracional com a qual fui educada. Jamais recebíamos explicações sobre os motivos de suas ações, e os argumentos de nossos pais baseavam-se na teoria do "não te dou permissão porque não quero e quem manda sou eu".

Nas nuances da paternidade, parece que a culpa nos acompanha constantemente no processo de criação e educação de nossos filhos

---

Minha amiga Estela cresceu sem televisão porque, em um ataque de absolutismo, seu pai lhe proibiu de assistir a ela. Ela não sofreu nada com isso, mas aos 43 anos ainda se lembra daquele castigo.

"Meu pai era implacável com as sanções e os limites", declara, "e, além disso, era frio e muito autoritário. Tratei de não repetir esse padrão com meus filhos, mas também não sei muito bem aonde devo ir. Os adolescentes já não permitem ser castigados, sempre pedem explicações e, se você se descuida, até 'te pegam'", comenta, preocupada.

Quantas mães têm ciência de que não sabem dizer 'não' por medo de parecerem autoritárias? Nós as vemos no supermercado repetindo várias vezes "deixe isso" ou nas ruas puxando o menino que faz manha porque não ganhou o brinquedo da moda. Talvez nós mesmas já tenhamos sido vítimas do "faz aquilo", "você vai ver quando chegarmos em casa", "é a última vez que te digo" etc., porque não nos sentimos capazes de fazer as crianças perceberem que somos os adultos e, portanto, estamos em posição de impor limites.

Uma das chaves para ser um bom pai está em colocar a criança em seu lugar, explica Arturo Mendizábal – não um lugar ideal ou privilegiado, e sim seu lugar na família, e é muito difícil entender isso devido à idealização da infância. A esse respeito, comenta:

> Todos os seres humanos crescem e idealizam seus primeiros anos de vida – todos. Assim, desejamos que nossos filhos tenham uma infância exemplar e ideal. Queremos transformar nosso filho em uma espécie de 'salvador' e nos dar o papel de 'heróis' e demonstrar à humanidade que podemos criar um filho sem os erros que nossos pais cometeram conosco. Isso não é possível, porque, simplesmente, não se pode educar uma criança sem limites nem disciplina.

Isso parece muito bom, mas é difícil pôr em prática quando estamos frente a uma situação difícil com nossos filhos.

Eduque as crianças e não será necessário castigar os adultos.

PITÁGORAS

Teresa González, mãe de David, de 11 anos, e dos gêmeos Andrés e Camila, de 6, é uma doce dona de casa a quem todas nós pedimos um sábio conselho, pois sempre tem a palavra necessária no momento certo, o consolo esperado e até pode derramar lágrimas junto com qualquer mãe chorosa porque já não aguenta mais sua família – incluindo marido e filhos. No entanto, Teresa me confessou ter momentos de desespero e, quando considera necessário, dá palmadas sem o menor sentimento de culpa – sobretudo em Andrés, o mais rebelde dos três.

O mesmo acontece com Marcela Tovar: "Olha", disse, depois de um longo suspiro, "amo minhas filhas (tem duas, uma de 13 e outra de 9 anos), até estou fazendo aulas de administração do lar, de como disciplinar as crianças, e estou para concluir um curso em crianças e autoestima. Todas as quintas, dia das aulas, chego para buscar as meninas com o firme propósito de que, a partir daquele momento, tudo será diferente com elas e prometo a mim mesma curti-las, ajudar com as tarefas, refletir antes de dizer 'não' a algo, mas, quando as chamo para comer pela nona vez e não obedecem, viro uma gritalhona desesperada. Sinto que tudo vai por água abaixo e há um retrocesso nas mudanças prometidas".

Limites e autoestima

Para que nossos filhos desenvolvam um sentimento de autoestima, não podemos nos esquecer de que devem ter:

Limites. Famílias nas quais há limites e regras comunicados pelos pais com firmeza, mas com cordialidade, são as mais favoráveis para o desenvolvimento da autoestima. Quando há carência de modelos, as crianças têm muitas dúvidas sobre o que é apropriado ou não.

Aceitação. Descobriu-se que crianças com boa autoestima têm relações mais próximas com seus pais. Pais com disposição para escutar seus problemas, preocupados com as

→

amizades da criança e dispostos a participar de atividades recreativas e de lazer com seus pequenos têm filhos com grande autoestima.

Valores. As crianças devem ser membros de famílias nas quais exista um conjunto claro de valores. Os pais transmitem esses valores aos filhos através do exemplo, com críticas construtivas e uma firme orientação do que é adequado e do que não é certo.

Respeito. É a palavra-chave para a autoestima. Como pais, conhecemos as palavras que expressam respeito, porque as usamos com os adultos. Devemos ensaiá-las e nos esforçar para utilizá-las com nossos filhos.

Os psicólogos e psiquiatras infantis, bem como os terapeutas consultados, afirmam que essas situações, nas quais as mães precisam repetir as ordens à criança mais de duas vezes, são causadas pelo excesso de tolerância e o medo que sentem de impor um limite. Quando a criança não dá ouvidos ao primeiro chamado, a mãe, em vez de ficar brava e começar uma guerra de gritos e broncas, deve se sentar, começar a comer e, se a criança continua sem obedecer, deve terminar sua refeição, retirar a mesa e colocar ponto final à discussão e à espera.

A vida deve ser uma educação contínua.

Flaubert

A doutora Elizabeth Mendoza, psicoterapeuta infantil, expõe o seguinte:

> Tenho um consultório cheio de mães que se perguntam o que devem fazer para que as crianças ajudem nas tarefas domésticas. Simplesmente, não devemos perguntar se elas querem fazê-las – é necessário dar a instrução e, se não for seguida, devemos recorrer à ação: por exemplo, retirar a mesa e comunicar à criança, sem gritos nem broncas, que a hora da refeição terminou e ela terá de esperar até o jantar para comer algo.
>
> Para uma mãe paciente, funcionou muito bem advertir seus filhos de que, se não colocassem a roupa suja dentro do cesto adequado, ela não seria lavada. As crianças trataram de romper esse limite e a colocavam do lado, em cima da tampa, não dentro do cesto. No terceiro dia, perguntaram à mãe porque ela não tinha lavado se haviam colocado a roupa no cesto. A mãe respondeu que deviam pôr dentro do cesto, não do lado nem em cima e, se não fizessem isso, ela não seria lavada. Fim do problema.

Tentei esses remédios contra a "surdez infantil", mas geralmente deixo-me vencer pela mortificação de que não estão comendo, pelo mal-estar que me dá uma casa desorganizada, por um "por favor, mãezinha, eu prometo...". No entanto, reconheço que funciona para muitas mulheres.

Uma sábia mãe deixou de brigar com seu filho de 10 anos por deixar roupa suja espalhada pela casa. À noite, quando ia apagar as luzes para dormir, encontrava uma meia embaixo da poltrona da sala, calça suja jogada no banheiro e o suéter do uniforme "embolado" em uma gaveta. Tentava por todos os meios persuadir o garoto a colocar um pouco de ordem na hora de trocar de roupa, mas nada funcionava. No final, seu conflito com a bagunça ganhava e ela começava a recolher as roupas.

> *Os pais de hoje desejam agir de forma absolutamente diferente da de seus próprios pais porque, quando foram crianças, sofreram com o domínio de suas famílias.*
>
> Nitsch e Von Scheling

Uma professora da escola do menino, com quem comentou o problema, recomendou que juntasse toda a roupa suja e, se o que mais a incomodava era vê-la jogada pela casa, colocasse-a em uma caixa e a guardasse no armário do garoto até que ele mesmo começasse a procurar as calças ou meias que faltavam. Fez isso e obteve excelentes resultados. O menino, ao encontrar uma caixa cheia de roupa suja e malcheirosa entre seus uniformes limpos de futebol, decidiu nunca mais deixar a roupa em outro lugar que não fosse o designado para isso.

Em seu livro *Los niños primero: todo lo que deberíamos hacer y no hacemos por los niños de hoy* (As crianças primeiro: tudo que deveríamos fazer e não fazemos pelas crianças de hoje), a psicóloga inglesa Penelope Leach, conhecida em todo o mundo como uma grande defensora das crianças, afirma que, quando há dificuldades com a disciplina dos filhos, o problema está nas expectativas e métodos de quem aplica a educação, não nas crianças, que estão aprendendo. Ela garante que pais muito ocupados ou preocupados com a desaprovação de outras pessoas com relação à forma de conduzir a educação de seus filhos esperam demais das crianças e querem resultados imediatos. Além disso, pedem às escolas para tratar seus filhos de acordo com os métodos modernos, mas eles mesmos estão tentados a utilizar a disciplina tradicional, especialmente o castigo, sempre apresentado como um atalho.

Para Leach:

> Os castigos não inspiram remorso ou esforços motivadores e raramente reformam as pessoas – criminosos, cidadãos ou crianças; na verdade, frequentemente prejudicam e fazem que a pessoa se aborreça e torne-se teimosa...

Várias mães vivem o fato de que, quanto mais dizemos para as crianças se sentarem direito à mesa, menos o fazem, até que, enfim, nossa paciência acaba e chega o castigo. A respeito disso, diz Leach, muitos pais adotam o princípio de "é melhor não dizer nada ao garoto" e deixam que a criança conserte isso por conta própria até que sua má conduta exija atenção – e aí aplicam-se os castigos.

Em longas conversas com verdadeiras profissionais no lar e na criação dos filhos, encontrei diversos tipos de mãe. Há aquelas que permitem que seus filhos façam de tudo enquanto elas conversam ao telefone e, ao mesmo tempo, impávidas, conseguem ver seus filhos praticamente destruindo a casa. Esse é um exemplo extremo, deixemos claro, mas ilustra muito bem aos pais que desconhecemos a forma de estabelecer os limites de que as crianças precisam para ter um desenvolvimento adequado.

Muitos pais complacentes, que procuram atender a todos os desejos de seus filhos para evitar frustrações, acreditam que as crianças têm de tudo e não entendem seu comportamento. "Onde erramos?", perguntam-se ao ver condutas negativas nas crianças.

Trata-se de criaturas que não ficam satisfeitas com o que têm, sempre pedem mais e desafiam permanentemente a autoridade.

De acordo com os especialistas, o problema com essas crianças é que ignoram o que são limites, já que seus pais não se atrevem a estabelecê-los. Além disso, questionam "por que os adultos têm de ficar irritados com as crianças", e com isso começa uma guerra de vontades.

Castigamos as crianças que não têm idade suficiente para distinguir entre o que está benfeito e o que está malfeito, mas nunca castigamos os pais, que têm idade suficiente para distinguir e não o fazem.

Anônimo

Crianças precisam de certos limites para ter segurança na vida. Nós, pais, devemos entender, sem culpa nem medo, que eles são vitais para a criança, porque lhe permitem saber o que se espera dela e até onde pode realizar certas ações. Se a criança não encontra nenhum freio no caminho, ficará muito confusa, pois acreditará que tem mais poder e força do que os adultos.

Uma criança que nunca conheceu limites em casa dificilmente os aceitará fora dela. Mais cedo ou mais tarde, virará uma pessoa hostil, egoísta e agressiva com seus pais e desrespeitosa com outras pessoas.

Limites: necessários, firmes e constantes

Limites são, pura e simplesmente, as regras que permitem à criança adaptar-se à vida familiar e social. São, digamos, sinais que indicam a ela o que deve ou não fazer. São também a base da ordem e constituem uma espécie de mapa que o menor deve seguir por toda a vida.

Como devem ser as regras

Vamos facilitar a vida e dar ouvidos ao nosso bom senso. Com respeito às regras que devem ser estabelecidas para a educação de nossos filhos, lembremo-nos de que:

- devem ser razoáveis;
- devemos estar seguros de que podemos notar se as regras foram violadas ou estão sendo cumpridas;
- devemos descrevê-las com detalhes;
- devem ter um limite com relação ao tempo (depois de comer, às quatro, antes do banho);
- devem haver sanções se forem desobedecidas.

Ao conhecer seus próprios limites, a criança vai compreendendo a importância de sua segurança física e da dos demais. Além disso, assimila o significado de valores como ordem, limpeza, respeito a si mesmo e aos outros, e também aprende quais são as chaves da disciplina, da força de vontade, do amor e, finalmente, da liberdade.

Daniela Canovas, psicanalista, explica em seu artigo "Para ensinar a ser feliz":

> A criança é um ser humano desvalido que depende por completo dos cuidados que os adultos lhe dão e dos costumes de criação considerados adequados em seu grupo social. O ideal é que o mesmo meio favoreça na criança o desenvolvimento de uma confiança básica. Isso significa sentir o mundo como um lugar estruturado, no qual estão definidos claramente os valores, os papéis dos adultos, os limites de cada um e o comportamento que se espera da criança de acordo com suas características pessoais, idade e sexo.

Muitas pessoas consideram que a inexperiência dos pais é a causa de ter filhos que desconheçam ou não aceitem limites. No entanto, especialistas em terapia familiar descobriram que a culpa, o medo de frustrar a criança e a sensação de que impor coisas fará que se sinta mal são as principais razões pelas quais muitos pais não determinam limites para os filhos.

Não obstante, devemos aceitar que as regras são um aspecto fundamental na formação da identidade da criança. Pedro Vázquez, terapeuta especialista em psicomotricidade, afirma:

> É importante que, desde bebês, aprendam a tolerar limites, aceitá-los e assumir a dose de frustração produzida por eles. Os limites são necessários desde o nascimento, porque permitem à criança começar a formar a identidade e reconhecer-se como alguém independente da mãe.

Mostrar limites não significa apenas ajudá-las a aprender as regras da sociedade na qual vivem. É, sobretudo, uma obrigação que temos como pais para ajudar nossos filhos a viver com saúde, longe de perigos e com hábitos que lhes permitam crescer sadios física e emocionalmente.

Os limites permitem que a criança diferencie entre o que pode ou não fazer, e, se não são ensinados de maneira firme e constante, a deixarão confusa

Os especialistas em desenvolvimento infantil afirmam que os pais devem entender que a personalidade da criança é imatura e que não é possível confiar-lhe o controle de seus impulsos. Eles devem entender e, especialmente, aceitar que a orientação e adaptação da criança à realidade externa está apenas começando e, por isso, sente uma necessidade genuína de apoio externo para encarar a vida e aceitar-se como um ser indefeso.

María Luisa Jiménez, mãe de Rodrigo e Andrés, de 9 e 12 anos, conta como é difícil para ela enfrentar o desafio dos limites.

A disciplina sensata e justa – por exemplo, ao estabelecer horários e rotinas cotidianas para atividades como tomar banho, brincar, comer e dormir – é um grande apoio para o desenvolvimento neurológico, a inteligência e o fortalecimento emocional da criança.

CANOVAS

"Andrés briga muito e consegue tudo com o choro", diz. "Fico cansada de exigir que peça as coisas de outra maneira, mas suas manhas são de tal magnitude que, às vezes, prefiro deixá-lo fazer o que quer. No entanto, não faço concessão a respeito de algo que possa lhe causar dano físico. Um dia, no meio de uma 'crise', começou a bater a cabeça na parede – nesse momento, percebi que devia impedir. Aproximei-me, agarrei-o pelos ombros e adverti-o para que parasse de fazer aquilo, que não permitiria que se machucasse. Sugeri socar uma almofada e funcionou, o menino sentiu que eu era firme a tal ponto que sucumbiu depois da irritação."

Yara Brom, psicóloga infantil, assegura que a função dos limites tem a ver, principalmente, com o cuidado que a criança tem com seu aspecto físico e desempenho social – tão simples quanto garantir que ela não faça nada que atente contra sua integridade física e emocional. Impor limites é uma das tarefas mais difíceis da criação, mas os filhos sentem-se mais amados quando limites são estabelecidos de maneira clara e, até certo ponto, razoável.

Os limites servem para não nos prejudicarmos e para aprendermos a viver em sociedade. As crianças devem saber que não podem andar pela vida pisando nas outras, porque, se alguém chuta, sempre haverá um chute de volta, ou talvez outras pessoas não queiram se aproximar de nós.

A família da qual você vem não é tão importante como aquela que você terá.

Ring Lardner

Especialistas em educação infantil recomendam que os pais relaxem, respirem fundo e assumam que, ao impor limites, não prejudicamos nem evitamos o bom desenvolvimento de nossos filhos – pelo contrário, ensinamos a enfrentar as exigências do mundo em que se desenvolvem.

Com os limites, busca-se atingir um equilíbrio entre o que se quer fazer, o que se espera das outras pessoas e as limitações da sociedade.

Crianças precisam ter um espaço de ação delimitado. Uma criança sem limites se sentirá desprotegida e não amada e, em algum momento, será castigada pelos mesmos adultos que deveriam lhe ter disciplinado durante seu crescimento, explica a pedagoga Ana Sol em seu ensaio "A importância dos limites".

Claudia Corona narra sua experiência nesse aspecto:

"Minha filha Marina, de apenas 6 anos, é desafiadora, dá respostas atravessadas e rebela-se o tempo todo. Quando já não aguento mais e sinto vontade de lhe dar umas palmadas, logo me vem à cabeça a imagem de um elefante e uma formiga. Sabe a diferença entre eles?

Um movimento do elefante seria suficiente para acabar com a formiga.

As crianças veem os pais como seres imensamente grandes, talvez como a formiga veja o elefante, e, apenas com essa imagem, minha raiva desaparece como por mágica. Já bastante calma, peço à menina que vá a seu quarto refletir – aprendi isso na escola Montessori, que ela frequentou aos 3 anos – e, quando tiver pensado, volte para me explicar exatamente do que não gostou.

Com as crianças, funciona melhor agir do que ameaçar, e, de preferência, devemos fazer isso sem raiva. Mas, sinceramente, isso dá muito trabalho".

Todas as mães, do fundo do coração, estão convencidas de que as crianças aprendem melhor com ações do que com indicações verbais. O problema é que nos desgastamos com discursos, explicações, súplicas e ameaças que não funcionam. Agir de acordo com o que se fala dificilmente entra em nosso repertório. Eu, por exemplo, penso cada manhã no que devo fazer para não perder a calma com meus filhos e conseguir que vão tranquilos à escola.

"O melhor seria acordar as crianças 10 minutos antes da hora habitual, assim elas vão se espreguiçando e você tem tempo extra", meu marido sempre sugere. Tentei isso, mas quando entro no quarto e vejo que estão dormindo profundamente, fecho a porta e penso: "10 minutos a mais de sono lhes fariam muito bem", mas às 6h40 da manhã, quando continuam enrolados nos cobertores, já estou à beira da loucura porque têm de sair de casa às 7h20. Aí começa o show: "Lucía, arrume-se", "Daniel, levanta logo", "amanhã acordo vocês às seis, hein?", "se você não se apressar vai ficar para trás, Daniel", "onde está meu tênis, mãe?", "penteie-se rápido, Lucía" etc.

Tomar decisões sobre os limites que devemos impor a nossos filhos não é fácil, especialmente quando as lembranças de como fomos educados nos enchem a cabeça.

De acordo com a doutora Brom, um aspecto importante do problema relacionado a crianças e limites é a falta de reflexão prévia dos pais sobre o que e para que são os limites. Ela explica:

> Isso se deve, em boa parte, à própria história dos pais, que nunca receberam explicações com relação aos limites, e à arbitrariedade com que eles foram impostos. Por isso, muitas vezes os pais não impõem limites para evitar um sentimento de vingança disfarçada contra seus próprios pais. Em meu consultório, escutei pais dizendo: "eu gosto de tal limite imposto por meus pais quando eu era pequeno, por isso vou colocá-lo em prática com meu filho. Mas essa outra atitude me desagradou e, portanto, tento fazer outra coisa". Esses pais normalmente chegam ao extremo sem uma reflexão a respeito da utilidade dos limites. Sabem que não gostam disso, mas não sabem como mudar.

Ofelia de la Fuente afirma que, nos tempos atuais, não é necessário impor algo aos filhos, e sim negociar com eles. "Infelizmente, é assim hoje em dia; já não é como antes, quando os pais eram a autoridade e decidiam tudo sobre seu filho. Isso não pode ser assim atualmente. Os limites provocam uma luta constante, mas ajudam as crianças a ser mais responsáveis. Elas mesmas pedem limites, mas não os podemos impor de acordo com nosso estado de ânimo nem da mesma forma como são colocados a outras crianças."

Em seu famoso livro *¡Porque lo mando yo!* (Porque quem manda sou eu!), John K. Rosemond garante que o sentimento de culpa é um dos motivos pelos quais os pais cedem às manhas e ataques da criança.

No entanto, é importante convencer-se de que os limites não são freios nem as manhas são sinais de sofrimento da criança.

Como pais, explica Rosemond, devemos criar nossos filhos de maneira congruente com a realidade que terão de enfrentar mais cedo ou mais tarde. "Indiscutivelmente, a realidade do mundo dos adultos compreende uma quantidade bastante considerável de frustração. Nós a vivenciamos não apenas como resposta a nossas próprias limitações, mas também como consequência daquelas impostas por outras pessoas e circunstâncias."

> *Fixar regras, estabelecer as consequências por violá-las e utilizar uma disciplina firme são pontos fundamentais para resolver a maioria dos problemas que os pais têm com seus filhos.*
>
> Clemes e Bean

Na verdade, ninguém pode andar pela vida "aos trancos e barrancos", já que nossa liberdade termina onde começam os direitos das outras pessoas. As crianças devem aprender a viver em família, que faz parte de um grupo social que, por bem ou por mal, é um enorme muro de contenção. Por isso, e de acordo com os padrões de conduta e valores de sua família, terão de assumir que tudo na vida tem limites.

O doutor Arturo Mendizábal garante que a quantidade de limites impostos à criança deve ser decidida pela família, e somente por ela.

> Não devemos nos esquecer de que a função dos limites é ajudar a criança a diferenciar realidade e fantasia, mas é igualmente importante compreender que cada família tem seu próprio código, e a criança presumirá que os limites são corretos e suficientes na medida em que se ajustem a esse código.

Por que nós, mães, esperamos que nossos filhos se comportem ou ajam igual a todas as outras crianças de sua idade? Porque acreditamos que os mesmos limites devem ser impostos a todas as crianças; no entanto, há limites necessários a uma menina que não se aplicam no caso de outra. Não podemos perder de vista que cada família tem sua própria estrutura e limites e, por isso, o que funciona para uma criança pode não funcionar para outra.

"Em casa, a regra é ir dormir às 20h30, tenham sono ou não", afirma Norma Romero, mãe de Laura e María del Mar, de 7 e 9 anos.

Carmen Flores não considera adequado que Ernesto, seu filho de 10 anos, vá dormir antes das 21h30. "Nessa idade, é possível ser um pouco mais flexível com os horários e, além disso, gosto muito que o garoto leia um pouco ou converse comigo antes de dormir."

Firmeza e constância são as palavras mágicas para que um limite funcione. Os especialistas recomendam que as crianças devem saber que a resposta de seus pais a determinada ação será sempre a mesma – se não for assim, elas se descontrolam e começam a se sentir muito inseguras. Por isso, é importante que, quando dissermos "não" a algo, essa seja sempre a mesma resposta para tal assunto.

Para que uma regra seja eficiente, deve ser aplicada sempre da mesma maneira – caso contrário, perderá a eficácia. Se um menino é proibido de ver TV antes de fazer a lição de casa e essa norma sempre foi aplicada, o garoto nem tentará ligar o aparelho, porque sabe que a mãe estará pronta para desligá-lo.

Para as crianças, é importante saber que nós, seus pais, somos capazes de transmitir e controlar os limites com segurança e firmeza. "Toda criança deseja ter pais previsíveis, dignos de confiança e que também levem a sério as normas acordadas", explicam Nitsch e Von Scheling.

Segundo afirmam psiquiatras e psicólogos infantis, as situações nas quais a mãe deve repetir ordens à criança mais de duas vezes são causadas pelo excesso de tolerância e pelo medo que os pais sentem de impor um limite

Quase todos nós caímos no jogo do antiautoritarismo e da amizade com nossos filhos. Quem já não escutou a velha frase "quero ser amigo dos meus filhos"? Tudo isso parece bom, e até tenho amigas cujos filhos lhes chamam pelo nome em vez de dizer mãe, mas esse extremo no qual caímos ao tentar nos afastar da maneira como fomos educados não tem demonstrado suas virtudes e nos levou a pensar que "as crianças são rebeldes demais".

As psicólogas alemãs citadas acima afirmam que, atualmente, os pais não querem proibir nada a seus filhos para que se transformem em pessoas livres e independentes. Esses pais desejam ter uma relação de camaradagem e de nenhuma forma querem decidir ou dar ordens com frequência. O que acontece é que não se atrevem a tomar partido e transferem a seus filhos uma responsabilidade excessiva.

Eu mesma me sinto derrotada com a reflexão anterior e, embora meus filhos não me chamem de María, e sim de mãe, coloco em suas mãos uma série de decisões que, pensando bem, não devem depender deles.

"Lucía, em que restaurante você quer comer no sábado?" "O que você quer jantar hoje, Daniel?"

O menino responde: "Crepes".

Devolvo a pergunta: "Crepes? Não invente, Daniel, tenho um pouco de preguiça de fazer isso".

"Então, por que me perguntou, mãe? Prepare o que quiser."

Quem é o adulto? Eu. Quem sabe o que há para ao jantar? Eu. Lucía, do alto de seus 9 anos, conhece lugares suficientes para decidir aonde ir comer no sábado? Creio que não.

Por que peço tanto sua opinião ou os deixo decidir? Por respeito e por medo, mas por um respeito mal-entendido. Acredito que, se eu decidir o que fazer para o jantar, estou atentando contra sua capacidade de decisão. "Exagerada!", pensarão muitos. No entanto, isso não acontece só comigo – de todas as mães com quem conversei ao escrever este livro, mais da metade sofre o mesmo.

Ruthann Saphier, educadora de pais e autora de *Parenting Tips for the Strung Out Mom and Dad – A Tool Kit* (Dicas para mães e pais exaustos – um kit de ferramentas), destaca:

> Até que os jovens possam depender de si mesmos para tomar as decisões adequadas, devemos estar seguros de que possam depender de nós, adultos sábios, para criar e reforçar estruturas e limites em suas vidas. Devemos dizer a eles o que queremos dizer, de maneira firme e com carinho, e consistentemente fazer o que falamos.

"Para mim está muito claro que devo impor poucos limites a minhas filhas e, de preferência, de acordo com sua idade e com as próprias normas de convivência familiar, mas sou muito ansiosa e, às vezes, quero que façam dez coisas de cada vez. Inclusive a própria Ceci, minha filha de 9 anos, já me fez notar: 'Mãe, o que você quer que eu faça primeiro?'. Fico aborrecida quando não conseguem seguir meu ritmo, quero que tudo seja feito à velocidade da luz", confessa Guadalupe García, mãe de Cecília e Fernanda, de 9 e 13 anos.

"Você não imagina como foi difícil aprender a pedir a elas o que quero que façam. Em vez de dizer que já era hora de tomar banho, perguntava se queriam ir tomar banho. Além disso, quando chegava a hora de comer, não dizia 'venham comer', e sim perguntava se já queriam comer. A verdade é que tentava ser amável com elas, até entender que estava lhes dando a oportunidade de fazer o contrário do que eu queria e responder com uma negativa. Mudei de estratégia e agora economizo muitas brigas – não pergunto, dou instruções: 'Meninas, venham comer', 'já é hora de dormir'."

> *Uma mãe que dá mais de uma instrução por vez é uma mãe desesperada. Quem vai colocar um limite não tem por que gritar nem se desesperar, nem tem por que perder a cabeça. Quem impõe vários limites ao mesmo tempo sempre está muito agoniado.*
>
> MENDIZÁBAL

Elaine St. James, autora do livro *Simplifica tu vida con los niños: 100 maneras de hacer más fácil y divertida la vida familiar* (Simplifique a vida com seus filhos: 100 maneiras de tornar a vida familiar mais fácil e divertida), explica que os pais querem facilitar suas vidas para ter mais tempo e dedicá-lo a seus filhos; no entanto, frequentemente o que poderia ter sido um momento tranquilo e agradável juntos acaba em conflito. Isso se deve ao fato de que os pais oferecem opções demais às crianças, o que causa problemas – os pequenos ainda não sabem pesar suas opções e tomar a melhor decisão por conta própria.

Além disso, as crianças nunca vão nos responder o que esperamos que respondam.

"Lucía, o que você quer fazer hoje?", perguntei à minha filha. "Ir à Disneylândia, mãe", respondeu.

A resposta foi tão inadequada quanto a pergunta e, embora tenha dado espaço para que minha filha dissesse isso, realmente era o que mais queria fazer naquele momento.

Perguntas

Como pais, alguma vez já nos perguntamos:

1. Como reagimos quando nossos filhos fazem algo com o que não concordamos?
2. Temos claros os limites que devemos estabelecer para o desenvolvimento saudável de nossos filhos?
3. Culpamos e acusamos nossos filhos quando fazem algo que não queremos que façam?
4. Quando as crianças não nos dão ouvidos, começamos uma guerra de vontades com elas?
5. Temos claro o conceito de firmeza?
6. A grande quantidade de limites que impomos às crianças vale a pena?

2

O hábito de dizer não

"Menino, não faça isso; não suba aí; não incomode; não pegue nisso; já te disse que não", e a lista continua.

Alguma vez paramos para pensar no número de vezes que dizemos não a nossos filhos num só dia? Muitas, não é mesmo? Até há mães que dizem não antes mesmo que a criança acabe de fazer seu pedido. Eu, é claro, sou uma delas: automaticamente nego a Daniel e Lucía tudo o que me pedem. Na maioria das vezes, consegui evitar o monossílabo, mas o tédio (todas as tardes as mesmas brigas pelas mesmas coisas), a manha das crianças (mãe, por favor, diz que sim, por favor, o que é que custa?) e o dom que elas têm de ser inoportunas (geralmente me pedem qualquer coisa enquanto falo ao telefone) levaram-me a fazer do não uma das palavras mais utilizadas na relação com meus filhos. Acho que dizer não é uma questão de comodidade – é mais fácil usá-lo do que refletir sobre o que me pedem e, se não vou ceder a seus pedidos, poderia, pelo menos, oferecer opções.

Imagine o seguinte diálogo com Lucía, minha filha:

— Mãe, posso...?

— Não, Lucía, não.

— Você nem sabe o que quero pedir.

— Não, mas com certeza você vai me pedir algo que sabe muito bem que vou negar.

— Eu ia perguntar se posso pegar os lápis de cor do meu irmão, porque esqueci os meus na escola.

— Ah, era isso...

— Então, mas você sempre diz não sem escutar o que quero.

Essa conversa entre mim e Lucía aconteceu em uma tarde de quinta-feira e me deixou pensando: "por que sempre digo não sem nem escutar?"

"Mãe, antes de dizer não, por favor escute. Compra umas canetinhas para mim?"

Esse pedido, após "não diga não sem me ouvir", foi feito por meu filho Daniel.

Para eles, francamente, deve ser difícil ter uma mãe que diz não por princípio. Meu marido me pediu mil vezes para fazer o exercício de responder sim, porque tudo funcionaria melhor.

Na verdade, tenho feito isso às vezes e, quando o faço, tudo flui sem dificuldade, principalmente porque, no caso de meus filhos, os pedidos são muito simples: "posso comer uma bala?", "compra um livro?", "posso dormir 10 minutos mais tarde?"

Por outro lado, ao serem ouvidos, eles se sentem muito melhor.

As crianças precisam mais de modelos do que de críticas.

JOSEPH JOUBERT

"Evidentemente, como pais, devemos ditar muitos detalhes da vida cotidiana de nosso filho, negar as exigências ou pedidos inadequados, fazer que tudo funcione como deve, colocando um impedimento em determinadas ações e sugerindo o início de outras. No entanto, também devemos levar em conta o que deve significar para a criança ouvir não com tanta frequência. Se estivéssemos em seu lugar, nós nos sentiríamos frustrados e irritados. Podemos abrir a geladeira e beber um pouco de suco quando der vontade – a criança, não", expõe a conselheira familiar Virginia K. Stowe, em seu livro *Educar niños felices y obedientes con disciplina positiva. Estrategias para una paternidad responsable* (Educar crianças felizes e obedientes com disciplina positiva. Estratégias para uma paternidade responsável).

O não permanente na boca dos pais tem a ver com a forma como fomos educados. Precisamente para evitar a chegada automática desses momentos nos quais negamos tudo a nossos filhos, devemos refletir.

A doutora Yara Brom afirma que seria conveniente planejar estratégias externas de ajuda – talvez pedir à criança para nos avisar se dissermos não antes de haver terminado seu pedido. Essa é uma boa forma de estar muito alertas aos nãos automáticos.

"Meus pais me diziam não apenas quando estavam convencidos de sua negativa. Eu, por exemplo, sabia que dormir fora de casa era algo que jamais seria permitido e, por isso, aprendi a não pedir permissão para tal. Hoje, com meus filhos, repetindo uma regra sob a qual vivi, não lhes dou permissão. Claro, eles não se cansam de me pedir permissão para passar a noite na casa de algum amigo, e cheguei à conclusão de que insistem porque, em muitos outros casos, troquei o não inicial por um sim. Falta-me consistência nesse sentido", comenta Andrea Celis, mãe de Diego, 14 anos, Ana Paula, 12, e Andrea, 9.

Ofelia de la Fuente concorda e afirma que aos pais de hoje tem faltado coerência e que dizemos não, mas em seguida a criança faz algo que nos comove e mudamos para sim.

Por causa disso, a doutora Brom insiste que uma das tarefas mais importantes para os pais consiste em refletir sobre os limites e o uso do não diante de qualquer situação.

A arte mais difícil, e ao mesmo tempo mais útil, é a de saber educar.

NICOLO PERSICHETTI

Imaginemos, por um momento, que um bom amigo chega a nossa casa e nos pede uma xícara de café. Jamais diríamos que não e, caso não houvesse café, ofereceríamos um copo de água ou uma xícara de chá. Por que não podemos fazer o mesmo com nossos filhos – oferecer opções e deixar de negar tudo que pedem? Especialistas dizem que, se formos firmes com relação aos limites, poderemos eliminar de nosso vocabulário cotidiano a palavra não.

Outra opção, indica Elaine St. James, é tentar dizer sempre sim aos pedidos de nossos filhos. Parece impossível, mas o truque consiste em oferecer um sim condicional. Por exemplo: o menino nos pede um biscoito, dizemos que sim, daremos quando terminar de jantar – ou, talvez, pede uma bicicleta e dizemos que sim se começar a economizar dinheiro e até o acompanharemos na compra.

> **O tédio, as manhas das crianças e o dom que elas têm de ser inoportunas é o que leva os pais geralmente a responder com um não imediato**

"A ideia é voltar a vantagem da situação a favor do adulto. Dizer sim leva ao diálogo e não, à discussão. Devemos falar com as crianças sobre como podem obter o que querem e quanto tempo devem esperar para conseguir. Além disso, quando nós, pais, dizemos sim, dá mais trabalho para os filhos discutir. No entanto, as crianças devem aprender a aceitar um não como resposta e, por isso, devemos estar seguros de que essa é a decisão adequada e que não haverá retorno", explica.

Não é não

Um dos aspectos mais importantes sobre os limites que colocamos aos filhos é a constância, isto é, se a criança ouviu não, que seja não. Por isso, é importante refletir sobre o que será proibido a ela.

Como pais, temos a obrigação de impor limites e dizer com firmeza: "você pode assistir à TV, mas apenas uma hora por dia, porque mais tempo atrapalhará sua lição de casa". Assim, estaremos expressando claramente um limite que deve ser cumprido. Se sempre formos firmes com relação a isso, os nãos acabarão sendo desnecessários.

Devemos estar cientes de que mudamos de decisão em um piscar de olhos.

"Olha, quando digo não a Laura é não, mas vejo que as mães de hoje falam não e, depois, sentem uma espécie de remorso e acabam falando sim. Isso confunde muito as crianças; então, elas dominam a mãe e aprendem que, com 20 minutos de insistência, ela acabará cedendo", afirma Laura Romero, avó de Laura, de 11 anos e responsável por cuidar da menina desde que nasceu.

Uma das situações mais difíceis que devemos encarar como pais é, exatamente, o uso do não, pois é uma ferramenta fundamental para o amadurecimento e aprendizagem da criança, apesar do desgosto que podemos lhe causar e das consequências que deve enfrentar ao ultrapassar os limites.

Nossos filhos esperam que sejamos maduros e fortes. Não precisamos ser amigos da criança, e sim seus pais – pais firmes e amorosos. Isso lhes dá uma sensação de maior segurança e evita a frustração e a raiva, expõe Sandra Barros, mãe de quatro adolescentes e especialista em psicopedagogia infantil.

Como lidar com a frustração da criança

"Um bom abraço ajuda as crianças a tolerar a frustração", afirma Claudia Ramos, mãe adotiva de Santiago e Marisol.

Ileana Chávez é mãe de Mario, de 9 anos, e recomenda as seguintes táticas que funcionaram com ela para lidar com a frustração do garoto: "Comprovei que, para ele, é menos frustrante ouvir 'isto está fora dos limites estabelecidos' em vez de não.

Além disso, quando tenho de dizer não, proponho duas opções. Se quer que eu compre algum jogo de *videogame*, proponho alugá-lo – é mais econômico – ou então usar os jogos de computador que tem".

Para qualquer pessoa adulta e racional, um não gera muita frustração, a diferença é que nem todos ficamos com raiva e nos jogamos no chão fazendo manha como as crianças. Lembro um dos ataques de frustração mais fortes que tive, quando me disseram que não havia sido aceita em um emprego. Foi um golpe duro para minha autoestima, mas me fez refletir e até crescer.

> *A sabedoria está em saber o que fazer em cada momento. A habilidade está em saber como se faz; e a virtude, em fazer.*
>
> David Jordan

Se nós adultos somos afetados por algo que não sai como queremos, imagine o que acontece com uma criança na mesma situação. Se a vida ensina algo é que devemos nos colocar no lugar do outro – neste caso, no da criança.

Em seu livro *Narciso, la máscara y el espejo. Estudio del carácter humano* (Narciso, a máscara e o espelho. Estudo do caráter humano), o doutor José Rubio, psiquiatra, fala da importância da frustração na formação do caráter da criança. Esta é vivida pelo pequeno em dois níveis – um psicológico e outro fisiológico. Quando uma criança vê todas as suas expectativas atendidas, não encontra outra forma de gratificação que não seja a conhecida, mas quando vive a frustração da demora ou de algo que não foi atendido, vê-se obrigada a abrir seus sistemas de experiência e buscar diferentes possibilidades de solução. Por isso, o estímulo da frustração favorece a organização e o aperfeiçoamento do sistema nervoso.

Rubio indica que a superproteção consiste, por um lado, em satisfazer as necessidades do bebê no momento em que ele as manifesta e até antes de serem apresentadas e, por sua vez, impede exercitar funções de acordo com a maturidade neurológica ou psicomotora da criança.

Está clinicamente comprovado que uma dose de frustração é importante para o desenvolvimento da criança, então por que temos tanto medo de que nossos filhos a enfrentem?

Na opinião especializada, a superproteção consiste, por um lado, em satisfazer as necessidades do bebê no momento em que ele as manifesta e até antes de serem apresentadas e, por sua vez, impede exercitar funções de acordo com a maturidade neurológica ou psicomotora da criança

---

Marcela Quijano é uma mulher que considero verdadeiramente uma mãe audaz: deixa que seus dois filhos, Pablo, de 11 anos, e María, de 9, enfrentem as consequências do que fazem. Eu, por exemplo, quase nunca permito isso, e mais – tenho ataques de pânico só de pensar nisso. Conta que o melhor, como seus pais lhe diziam, é deixar que as crianças aprendam "da pior maneira".

"Lembro que, um dia, perguntei a um psicólogo o que poderia fazer para que meu filho Pablo me deixasse penteá-lo pela manhã. Ele tinha 6 anos e essa era nossa luta diária. O especialista me perguntou: 'o que aconteceria se não fosse penteado para a escola?'. Respondi que ficaria horrível e que seria alvo de piada dos colegas. 'Deixe-o', aconselhou, 'deixe-o se pentear ou ir sem se pentear à escola e não discuta mais por isso'. Foi o que fiz um dia, e não aconteceu nada. Depois de três dias, a diretora da pré-escola o chamou à direção e colocou-o diante de um pente e um espelho. 'Você fica muito mais bonito penteado', disse. Esse foi o remédio – nunca mais brigamos por isso. Nossa luta agora é o tempo que leva para se pentear: pode ficar mais de 10 minutos mexendo no cabelo", conta essa mãe.

A seguinte situação aconteceu com minha filha: "Lucía, termine logo a lição de casa. No domingo à noite, você vai estar de mau-humor fazendo as páginas que faltam".

"Não, mãe", disse, "sei calcular meu tempo".

Chegou o domingo e, às oito da noite, a menina estava cansadíssima e de péssimo humor. Sinceramente, fiquei de coração partido ao vê-la e acabei colorindo um mapa e preenchendo páginas com letra script. É claro que a lição que a garota aprendeu é que tem uma mãe que resolve tudo.

A verdadeira empatia exige que escutemos os sentimentos e pensamentos de nossos filhos sem necessidade de mudá-los.

Becky Bailey

"Nós, pais, temos a obrigação de criar os filhos de uma maneira congruente com a realidade que deverão enfrentar mais cedo ou mais tarde. Mediante nossa experiência com a frustração, vamos desenvolvendo a capacidade de tolerá-la, aceitar que é inevitável, e não ficar abatidos com ela. As pessoas que aprendem a tolerar a frustração acabam por considerá-la um desafio diante da adversidade e perseveram para atingir suas metas", explica o doutor John K. Rosemond.

"Um dos maiores medos das mães quando algum de seus filhos se sente frustrado é que a criança deixe de amá-la", expõe o psicoterapeuta familiar Alejandro Zubieta, que narra o seguinte caso:

> Nós, adultos, deveríamos parar de ter medo da raiva ou das reações das crianças. Tenho o caso de uma mãe que, depois de trabalhar muito contra o pavor que sentia de que seus filhos deixariam de amá-la por considerá-la injusta, autoritária, reclamona etc., armou-se de paciência e enfrentou uma manha de seu filho Mauricio em um conhecido shopping center.
>
> O menino decidiu que queria um sorvete bem quando iam embora. A mãe negou e bastou dizer isso para que o garoto se jogasse no chão revoltado, chorando e gritando. Qualquer pai pode imaginar como essa situação é embaraçosa: desconhecidos passavam e comentavam "o que acontece com esta criatura", "que mãe desalmada, não lhe dá atenção", "olha a mãe aí, parada, só vendo sem fazer nada", ou pais que tinham vivido o mesmo e olhavam para ela com um sorriso que expressava que eles também foram vítimas de situações semelhantes.
>
> O caso é que a senhora se abaixou e disse ao menino: "Mauri, sei que você está muito bravo e muito frustrado. A sorveteria fica do outro lado e temos que ir embora agora. Espero que se acalme e fique de pé".

> O garoto, claro, continuou com a "crise" enquanto sua mãe respirava profundamente, olhava fixamente para ele e fingia que não percebia os olhares alheios. Insistiu que se levantasse e, ao chegar em casa, prepararia um lanche delicioso. O menino, ao ver a firmeza e serenidade da mãe, não teve outra opção senão se levantar. A mãe segurou-o pelo ombro com carinho e disse: "você vai ver como chegaremos rápido em casa". O menino se levantou ainda bravo, mas resignado.

Comento isso porque é um bom exemplo de que, ao tirar ou negar algo a nosso filho, é conveniente oferecer algumas opções, mas só seremos capazes de agir como minha paciente fez quando deixarmos de sentir medo da frustração da criança.

Falar é fácil, mas quantas de nós vacilamos diante do pedido da criança, exatamente para evitar uma manha no supermercado ou no shopping center?

Perguntas

Talvez seja bom refletir sobre algum substituto para deixar de dizer não a nossos filhos. Vamos nos perguntar:

1. Somos pais que só ameaçam ou cumprimos as ameaças?
2. Quando dizemos não a nossos filhos, realmente é não?
3. Quantas vezes por dia dizemos não a nossos filhos?
4. Realmente escutamos seus pedidos?
5. Temos claros nossos sentimentos quando impomos limites a nossos filhos?
6. Quando discutimos com as crianças, agimos de acordo com a situação real ou a reação depende de nosso estado de ânimo?

3

Firmes até o fim

Todos nós concordamos em não permitir tudo às crianças e, na verdade, a ninguém. No entanto, o que dizemos e pedimos não produz o efeito esperado. Por quê?

Praticamente todas as mães com as quais conversei sobre limites concordam que exigimos mais do que a criança é capaz de dar e respeitar. Porém, também concordamos que, embora muitas vezes nossos filhos não considerem isso, os limites dão segurança e proteção – se a criança for mais forte do que os pais, não se sentirá protegida por eles.

Os limites permitem prever a reação dos pais perante determinadas situações e comportamentos e, além disso, ajudam a criança a ter claros determinados critérios sobre as coisas.

O doutor Arturo Mendizábal afirma que, se um limite firme e constante não é mostrado à criança, ela se confunde. Inclusive muitos de seus pacientes, quase todos crianças, consideram que nem sempre se comportar de maneira inadequada é causa de problemas.

Um garoto de 8 anos, a quem o doutor Mendizábal perguntou se sabia o que fazer para chamar a atenção de seus pais, disse: "Pare em frente à TV e a desligue". "Ah é? E o que fazem?", perguntou o doutor. "Depende", respondeu o menino. "Se estão vendo um determinado programa, me fazem uma coisa – se estão assistindo a outro, outra coisa. Se estão de bom humor têm uma reação, se estão de mau humor, pode até ser que me batam."

O psiquiatra infantil afirma que isso confunde muito as crianças. É importante que elas saibam qual será a reação de seus pais. "A criança tem de saber que 'se tiro notas ruins, a reação de meus pais será esta'; se não souber isso, sofrerá muita angústia. As crianças precisam ter a garantia, a certeza de que a reação será a mesma e, assim, irão se sentir mais seguras."

Por que meus filhos não me ouvem?

Reproduzo as palavras de María Inés Morales, mãe de Mariana, de 12 anos, e Daniel, de 9:

"Imagine a seguinte cena", disse David, meu marido: "Chego ao escritório para te buscar, você teve uma manhã muito movimentada, faz muito calor e o trânsito está infernal. Você entra no carro, mal te cumprimento e já começo um bombardeio de instruções e perguntas: Inés, você deixou a comida pronta? Foi bem em sua apresentação? Quando chegarmos em casa, você arrumará a mesa, não é? O terno que você levou ontem à lavanderia está pronto?

Não esqueça que Jesús e Dalia vêm jantar em casa na sexta-feira. Você foi mal e por isso vem tão calada, não é?"

Perguntei o motivo de tudo isso e respondeu: "Esta é sua relação comigo e com as crianças. Você se empenha em perguntar e nos dar instruções e, por isso, os meninos não obedecem – você pede 75 coisas ao mesmo tempo".

María Inés, que se caracteriza por seu alto grau de perfeccionismo, confessou que, quando o marido lhe disse isso, sentiu-se muito aflita, porque reconheceu que era verdade. Ela precisava ter tudo sob o mais rigoroso controle e por isso dava tantas instruções a seus filhos.

"As crianças já sabem qual é a rotina e sempre a cumprem, então, eu poderia evitar tantas ordens em tão pouco tempo", reconhece.

Muitos estudiosos da psicologia infantil afirmam que para os pais é difícil impor limites a seus filhos porque, às vezes, não têm energia suficiente – eu chamaria de humor – para discutir com elas. Alguns talvez trabalhem o dia inteiro e o que menos querem é chegar em casa para dar broncas, limites ou ordens. Também há pais inseguros, que temem perder o amor dos filhos se impuserem regras.

A chave para que as crianças cumpram as regras e detenham-se diante dos limites está em torná-las muito claras, simples de compreender, fazer que sejam poucas e firmes.

É importante que a criança saiba qual será a reação de seus pais. Confundir os filhos com reações diferentes diante das mesmas ações apenas complicará a comunicação e impedirá que a mensagem educativa seja efetiva

---

De acordo com Pilar Baptista, diretora dos Centros de Aprendizagem Future Kids no México, nós, pais, devemos estabelecer regras de comportamento aos filhos, mas, ao fazer isso, não devemos prejudicá-los psicologicamente, impedindo o desenvolvimento saudável de sua autoestima. No artigo "Autoestima e comunicação no lar", Baptista recomenda não falar com eles de forma a provocar ira, nem diminuir sua confiança em si mesmos, ou fazer que percam a fé em sua competência e habilidade, já que as crianças aprendem o que vivenciam.

Então, o que fazer? O que dizer quando é inevitável corrigir o comportamento, conseguir que façam a lição de casa, saiam da cama, ajudem em casa, vistam-se, coloquem o agasalho, não brinquem no meio da rua e comam direito?

Nós, pais, disse uma vez um renomado educador, já sabemos as palavras certas – são as mesmas que dizemos a convidados e a estranhos. É uma linguagem que protege sentimentos e não critica a conduta.

Instruir a juventude como se deve é formar bons cidadãos e pais.

Virgilio

O que diríamos a um convidado que esqueceu seu guarda-chuva em nossa casa? Correríamos atrás dele e gritaríamos furiosos "Ei, o que acontece, você tem 40 anos e toda vez que vem aqui faz a mesma coisa, quando vai aprender? Por que não é responsável como seu irmão?" Jamais. Apenas diríamos: "Ei, você esqueceu seu guarda-chuva". Assim, simplesmente, daríamos informação sem insultá-lo. As crianças merecem exatamente o mesmo.

Além de impor regras sem medo da reação da criança, é indispensável que o casal, quando há pai e mãe em casa, esteja de acordo sobre quantas, quais e para quê. Não se trata de que o homem e a mulher tenham de pensar sempre da mesma forma e concordar em tudo – o principal é que os pais não desprezem nem minimizem as ideias educativas um do outro. É necessário evitar confrontos por causa dos filhos e sempre unir forças na mesma direção.

Em seu livro *Cómo disciplinar a los niños sin sentirse culpables* (Como disciplinar as crianças sem culpa), Harris Clemes e Reynold Bean afirmam que um dos motivos pelos quais as crianças não obedecem às regras impostas pelos pais é o desacordo que impera entre o casal. "Nessas condições, a criança tem poder demais para tomar decisões e manipular a conduta dos pais. Tal poder não é bom para a criança, porque lhe dá uma sensação de autoridade que não corresponde à realidade, gera ansiedade nela e, ao não saber como enfrentá-la, ela se manifestará como uma conduta desviada", explicam.

No terreno dos desacordos matrimoniais com relação à educação dos filhos, há diversos tipos de pais. Há mães que, muitas vezes, são incapazes de corrigir a criança e ameaçam com um "você vai ver quando seu pai chegar". Há pais que parecem querer se livrar de qualquer intervenção em matéria de limites e sanções e dizem à criança: "você já sabe que tem de fazer o que sua mãe manda. Nem venha, filho".

Também existem pais que, quando um diz verde, o outro fala preto, e têm feito da educação de seus filhos um campo de batalha para manifestar suas diferenças. Nenhuma dessas opções parece melhor do que a outra.

> **A chave para que as crianças cumpram as regras e detenham-se diante dos limites está em torná-las muito claras, simples de compreender, fazer que sejam poucas e firmes**

A mãe de Abigail Campos, uma menina que, para sua sorte, tem pais que sempre estão de acordo sobre sua educação, conta ter visto muitas mães ameaçarem com o tradicional "você vai ver quando seu pai chegar", como se quisessem formar uma frente comum contra a criança.

> *Há dois tipos de pessoa que cometem erros: aquelas que não os admitem e aquelas que os reconhecem e os chamam de experiência.*
>
> ANÔNIMO

Sandra Terán é contra o fato de que seu marido deixe para ela toda a responsabilidade pela formação dos filhos: "Não gosto que Luís Felipe só fale: meninos, façam o que sua mãe disser. Claro, apareço como a bruxa da história, que sempre castiga, grita e impõe limites, e acredito que a educação seja um compromisso dos dois".

Marisa Villalón reclama da falta de apoio de seu marido. Comenta que, embora sempre estejam de acordo nos valores fundamentais que transmitem a seus filhos, não conseguem chegar a um consenso em questões da vida prática.

"Por exemplo, se falo a Leonel, meu filho, que não comeu direito, meu marido entra e lhe diz: 'é isso aí, campeão, você comeu muito bem'."

Todas as situações extremas prejudicam o crescimento e o desenvolvimento da criança, e isso inclui o fato de estabelecer limites ou normas excessivamente rigorosas ou em muita quantidade, ou de não impor nenhum tipo de cota de comportamento. A consequência de qualquer uma dessas atitudes será uma criança que considera tudo insuficiente, cujas exigências são cada vez mais altas e que reage de forma indesejável às negativas.

Como ter filhos felizes e seguros

Para que nossos filhos sintam-se felizes e seguros, é aconselhável realizar o seguinte:

- não estabelecer mais de três limites por dia;
- agir com firmeza quando as regras não forem cumpridas;
- fazer a criança entender que, para seu próprio bem, deve cumprir as regras impostas;
- não perder a calma diante de um ataque de manha da criança. É melhor sair de casa, ficar longe dela, o que a fará reagir e se dar conta de que seu comportamento não teve maiores consequências;
- ser firme e agir com naturalidade;
- utilizar poucas palavras ao explicar à criança o que esperamos dela. Ser concreto e preciso;

→

- jamais demonstrar para a criança sentimentos de culpa ou medo por sua raiva;
- não ficar preocupado se a criança se sente contrariada. Um pouco de frustração a ajudará a amadurecer emocionalmente;
- lembrar sempre que as consequências de um limite não cumprido devem estar de acordo com as idades e os interesses da criança.

Os educadores garantem que, no momento de colocar limites para as crianças, é importante haver correspondência entre a mensagem e a ação dos pais. Isto é, acreditar firmemente no que estão fazendo e saber o que esperam do menor, sempre em função da idade dele. Um bebê não entende a palavra "não", mas capta perfeitamente as reações provocadas por sua ação e percebe as mensagens corporais dos pais. Crianças não respeitam regras nem limites quando recebem uma mensagem pouco convincente, indicam. Por exemplo, quando uma mãe diz um "não" sem firmeza ao filho, ele finge não escutar.

Além disso, é certo que, quando pedimos para a criança deixar de fazer algo que nos incomoda e não prestamos atenção, ela nos desdenhará demais.

Há algum tempo, convidei minha mãe para comer em casa e ela presenciou a típica briga entre mãe e filho. Ela sempre se envolve nesses confrontos; lembro que, depois de uma reclamação que fiz por minha falta de paciência e tolerância com Daniel e

Lucía, recomendou que, quando eu fosse reclamar de algo com eles, me posicionasse à altura deles.

"Para que uma bronca ou exigência do cumprimento de uma regra funcione, é melhor se agachar, para ficar na altura da criança e olhá-la nos olhos – pelo menos escutarão", disse.

Isso vem a calhar, porque muitas mães gritam com as crianças de um cômodo da casa ao outro para que deixem de fazer o que estão fazendo ou parem de brigar. Se não nos veem, pelo menos darão ouvidos.

"Daniel, vá fazer a lição de casa e pare de perder tempo, certo?", disse a meu filho mais velho enquanto ia e vinha de um cômodo a outro guardando a roupa passada.

"Mãe, primeiro preste bem atenção no que estou fazendo e depois me dê uma bronca. Estou fazendo a lição de casa."

Claro, em meu afã de ser uma orquestra completa, que trabalha, cuida dos filhos, guarda a roupa e é firme, errei centenas de vezes. Peço às crianças para fazerem a tarefa justamente quando estão sentadas fazendo isso, grito para escovarem os dentes exatamente quando estão enxaguando a boca e mando desligarem a TV 15 minutos depois que o fizeram e estão indo dormir.

"Isso acontece porque você faz quatro coisas diferentes ao mesmo tempo e uma delas é estar com as crianças", dizem outras mães. No entanto, para falar a verdade, isso também acontece com elas, e nem meus filhos e nem os delas parecem escutar.

Outro motivo importante pelo qual as crianças não nos dão ouvidos é o tipo de regra que impomos. É importante estabelecer limites de acordo com a idade da criança. Um bebê que está na fase de engatinhar não deve ser limitado a explorar apenas um lugar, e sim ter um lugar seguro e livre de objetos que possam machucá-lo. Uma criança de 8 anos não pode ter o uso da bicicleta restrito – é melhor indicar os lugares onde pode andar.

O remédio infalível para evitar tantas brigas quanto aos constantes desafios à autoridade dos pais está em estabelecer um sistema que pressuponha poucos limites, mas claros e muito firmes. Nós, pais, devemos estar de acordo com eles e, uma vez estabelecidos, devem ser inquebráveis. Ah, também é importante nos armarmos de paciência.

Sejamos flexíveis de vez em quando

Em seu divertido livro *Cómo no educar un hijo perfecto* (Como não educar um filho perfeito), a jornalista inglesa Libby Purves expõe que, na educação infantil, o amor é melhor do que a justiça:

> Anular um castigo por amor não é, como alguns diriam, a receita segura para anular uma criança – pode ser a melhor das lições. Não importa que o pequeno demônio tenha escapado incólume depois de quebrar o espelho do banheiro, de rasgar um livro novo ou de nos chamar de idiota 15 vezes em uma manhã. Se vocês tiveram uma briga horrível, devemos ter a graça às vezes de afogar os ressentimentos com um abraço e um sorriso, e até de pedir desculpas pelo nervosismo. De que outra maneira podemos fazer que uma criança aprenda a fazer o mesmo?

Muitos pais ainda acreditam que, se pedirem a seus filhos desculpas por terem cometido uma falta ou injustiça com eles, perderão sua autoridade. Acho que isso não poderia estar mais longe da verdade.

Lembro-me que quando Daniel era menor, um dia dei uma bronca injustamente, fui muito agressiva com ele e dei-lhe uma reprimenda muito dolorosa. Depois de pensar muito, reconheci que havia me excedido e que o melhor seria reconhecer isso perante o garoto. Já em seu quarto, pedi desculpas e disse que estava muito nervosa, que as coisas em meu trabalho não iam bem e que minha frustração tinha me impedido de ser justa.

No dia seguinte, a primeira coisa que fiz foi perguntar à psicóloga da escola e a uma amiga, terapeuta infantil, se não havia cometido um erro por ter pedido desculpa ao meu filho. Ambas me disseram que, se realmente havia sido injusta e dura com Daniel, tinha feito o melhor. Respirei tranquila, embora no fundo estivesse muito segura de que tinha sido assim. Pertenço a uma geração cujos pais jamais teriam dito "desculpe" a seus filhos, e isso me deixava confusa.

Tenho um amigo cuja mãe parou de falar com ele definitivamente porque ele nunca ligava ou visitava. Ela ainda acredita que nós, filhos, é que temos a obrigação de ligar todos os dias para a casa dos pais para perguntar como estão. Eles jamais nos ligariam para saber de nós, seus filhos, ou de seus netos.

É realmente grave que nossos filhos saibam que nós, seus pais, às vezes erramos? Acho que não. Inclusive, pessoalmente sinto que uma grande responsabilidade é tirada de mim cada vez que meus filhos notam que errei. Quero que eles saibam que, às vezes, não sei tudo, não sei responder às suas perguntas e que, além disso, sou capaz de pedir desculpas se for injusta com eles. Essas situações nos dão a oportunidade de rir juntos.

> **É essencial que os pais acreditem firmemente no que estão fazendo e que também saibam o que esperam da criança, sempre em função da idade dela**

Muitos pais estão convencidos de que, se educam seus filhos com senso de humor, não podem levar a sério regras e limites. Definitivamente, não me incluo nesse grupo de pessoas, porque se há algo de que Daniel e Lucía gostam é de meu senso de humor.

Um dia, a menina comentou que lhe perguntaram do que ela mais gostava em sua mãe, e ela respondeu que eu era muito divertida e alegre. Estou totalmente convencida de que o senso de humor com meus filhos ajuda muito e, pelo menos, alegra o dia.

St. James diz que o riso não diminuirá a autoridade dos pais nem sabotará as lições que os filhos devem aprender. Pelo contrário, eles nos amarão pela capacidade que temos de ver o lado alegre da vida. A especialista recomenda manter a espontaneidade todos os dias.

"De vez em quando, quebre a rotina habitual: convide para tomar sorvete, embora não jantem depois. Consiga um equilíbrio entre o trabalho e o lazer e proponha atividades que deem a todos a oportunidade de aproveitar juntos."

O senso de humor também pode contribuir para sermos flexíveis de vez em quando, o que não causará nada de mau à criança nem à família. É claro que limites e normas relacionados com saúde, segurança e integridade física das crianças são tão importantes que jamais devem ser rompidos. Você não deixaria seu filho de 5 anos subir no topo do edifício, não é mesmo? Os especialistas asseguram que o rompimento eventual de algum dos ditados da disciplina pode chegar a ser benéfico para o desenvolvimento do menor.

Catalina del Río, terapeuta familiar, explica:

> É muito comum que nós, pais, entremos na dinâmica das regras apenas por estabelecê-las, pois acreditamos que beneficiaremos a criança com isso e estamos convencidos de que nossos filhos ainda são muito novos para assumir certas responsabilidades. No entanto, se de vez em quando diminuirmos as restrições, poderemos nos dar conta das mudanças, da maturidade e da capacidade de lidar com as situações que nossos filhos vão adquirindo com o passar do tempo. Não podemos atá-los a uma grande quantidade de regras inquebráveis e esperar que, de repente, virem pessoas competentes ou capazes de tomar suas próprias decisões.

Ana María González tem três filhos, que cresceram sob uma rigidez estrita quanto a rotinas e horários – consequentemente, esta mãe viu seu esquema ser completamente destruído.

"Tem sido muito difícil aceitar que as rotinas já não podem ser as mesmas de quando eles eram bebês. Custo a aceitar que meu filho mais velho, Eduardo, de 11 anos, já não quer tomar banho às seis da tarde, ou que Sofía, de 9, prefira fazer a lição de casa depois das cinco. Tive de modificar pouco a pouco o regulamento familiar e adaptá-lo às idades de meus filhos. Nem Elisa, de 7, quer ir dormir às oito da noite."

O assunto de flexibilizar e até romper regras de vez em quando causou muita polêmica entre as mães entrevistadas. Muitas não estão convencidas de rompê-las alguma vez. Tenho a impressão de que temos medo de quebrá-las por falta de confiança no trabalho que realizamos com nossos filhos.

> *Os homens terminam as coisas que começam de acordo com o que acreditam.*
>
> ANÔNIMO

No meu caso, por exemplo, acredito que a firmeza com que meus filhos têm sido criados os ajudou muito a ser responsáveis, especialmente com os deveres escolares. No entanto, não consigo acreditar que tenham boas notas nas provas se não ficar de olho nas tardes de estudo. Sinto-me imprescindível e me dói notar que eles já não precisam de mim para o cumprimento da norma "a escola em primeiro lugar" – já a assumiram, não é necessário insistir nisso.

No caso de outra mãe, já não consegue aplicar com seus filhos a norma de "tempo restrito para jogar *videogame*": as crianças já sabem que, se não fizeram a tarefa, de maneira alguma podem ligá-lo. Em cada caso, sempre haverá uma regra que já não precisa ser lembrada.

Nas palavras de Catalina del Rio:

> A melhor etapa para quebrar alguma regra é depois dos 3 anos. Antes, não convém muito, porque a criança está só começando a

aprender sobre ordem, rotinas e responsabilidades. Para ela, uma vida sem ordens ou rituais pode se tornar ameaçadora e confusa, pois as regras são necessárias para fortalecer sua segurança. Além disso, uma criança de menos de 3 anos ainda não tem capacidade para compreender que quebrar a regra uma vez não significa que as normas estabelecidas possam ser rompidas o tempo todo.

"Minha mãe só me deixou brincar na cama dela uma vez", diz Ana Cecília, de 9 anos, amiga de minha filha Lucía. "Minha mãe tirou os criados-mudos e as luminárias de cima deles, colocou muitas almofadas em volta da cama para que eu não me machucasse se caísse e disse que sua mãe também a deixava brincar na cama algumas vezes." A mãe dessa menina advertiu que não seria sempre assim e que só lhe permitiria fazer isso quando houvesse um adulto por perto. A menina foi feliz; a mãe cedeu. Há uma ordem "flexível" que dá comodidade a pais e filhos.

> *A boa disciplina não precisa ser complicada. Ela deve ser bem organizada, comunicada facilmente e executada com tranquilidade. Quanto mais simples, melhor.*
>
> Rosemond

Algumas mães tiveram de ceder em um aspecto importante para elas: o asseio pessoal da criança. Claro, não é que ela não tome banho sozinha, mas que mal há em passar um fim de semana de pijama? Gostaria de tentar isso. Quem me dera poder permitir a meus filhos, e a mim, ficar de pijama durante todo o sábado e domingo.

"É muito confortável ficar em casa de calça velha, pedir pizza e ver filmes com toda a família. Fizemos isso pouquíssimas vezes, porque, aos fins de semana, é obrigatório visitar o restante da família, mas nas três ou quatro ocasiões em que nos demos esse prazer, foi maravilhoso. Sinto que a família se une", garante Verónica Sosa, mãe de Valeria, de 9 anos, Andrés, de 7, e Rodrigo, de 4.

Devo reconhecer que quebrei duas regras que jurei de pés juntos jamais romper: levar o jantar a meus filhos enquanto veem TV e deixar que durmam em minha cama nas noites de pesadelo. Não sei nem em que momento fiz isso, mas fiz.

"Todas dizemos o mesmo e, quando chega o momento, desde que jantem, levamos a comida na cama se pedirem", comenta Marcela Cortés, mãe de Mariana, de 9 anos, e Cristina, de 7.

Quando meu irmão mais novo me viu levar o jantar às crianças na frente da TV, criticou até cansar. Lembro-me que disse: "María, como é possível que você dê o jantar para elas aqui? O quarto não é uma sala de jantar (a TV fica no meu quarto), isso é falta de disciplina". Sinceramente, ele me fez acreditar que era uma péssima mãe e meus filhos não tinham uma boa formação. Até pensei que, ao ceder nisso, estava afetando seu desenvolvimento. Essas ideias me atormentaram por cinco minutos, porque no sexto me convenci de que não aconteceria nada a eles e que meu irmão estava exagerando. Tudo bem, não é o melhor levar o jantar a eles enquanto assistem ao seu programa preferido, mas funciona para mim. Além disso, ambos jantam muito bem, fico relaxada por dez minutos e aproveito para fazer desde as contas do dia até as ligações que tiveram de esperar por falta de tempo.

Com relação a visitas noturnas, agora me dou conta de que, na realidade, permitimos que as crianças durmam conosco porque nos dá preguiça levantar para ir lutar com os monstros que vivem embaixo da cama delas, mas também descobri que o melhor antídoto contra visitantes que querem passar a noite junto com os pais são os roncos.

"É melhor dormir na minha cama, seus roncos e os do papai não me deixam dormir", disse Daniel.

Com Lucía, a história é outra. Ela é incapaz de me acordar abruptamente, só me observa e, quando seu olhar me desperta e digo "vá para a cama", sai correndo para pegar no quarto seu travesseiro e quatro bonecos que, no final, ficam bastante confortáveis na cama "de casal". Essas visitas têm aumentado com a idade. É bonitinho, mas quanto mais a garota cresce, mais vezes tem vindo dormir conosco, e na verdade não acho que a estou prejudicando ao permitir isso. Quando era pequena, meus pais também nos deixavam dormir em sua cama se estivéssemos com medo ou assustados, e isso, em vez de me dar algum trauma ou atiçar algum conflito interno, é algo de que me lembro com muito carinho e gratidão – eu me sentia querida e apoiada por eles.

É realmente grave que nossos filhos saibam que nós, seus pais, erramos às vezes?

Norma Aboites, mãe de dois meninos, um de 5 e outro de 7 anos, contou o seguinte caso:

Uma das principais regras em casa é "termine o que começou". Mas chegou a exceção. Meu filho de 5 anos me pediu para matriculá-lo em aulas de *tae kwon do*. Depois de vários meses de insistência, fiz isso e, pouco tempo depois de começarem as aulas, me pediu para parar. Recusei e até solicitei ajuda de um psicólogo familiar, que me disse que as crianças devem aprender a terminar o que começaram, mas que, se eu o tirasse das aulas e aceitasse diante dele que ambos havíamos cometido um erro, isso não afetaria seu desenvolvimento emocional.

É importante ensinar as crianças a terminar o que começam, isso é uma maneira de torná-las responsáveis por suas próprias decisões, mas não acontecerá nada se não terminarem o quebra--cabeça ou se pararem de ler um livro na metade.

Quase todos nós, os pais, educamos nossos filhos com base no padrão em que fomos educados, mas isso não é necessariamente o melhor, nem o único jeito conhecido.

Clemes e Bean, na obra citada, afirmam que, na educação de nossos filhos, devemos considerar que são diferentes de nós e, por sua vez, somos diferentes de nossos pais.

"Um certo tipo de resistência paterna é consequência apenas da inércia. Isso significa que a maneira normal de os pais agirem é, até certo ponto, um hábito, e que toda sugestão para mudá-lo fracassa por causa da difundida tendência humana de manter velhos hábitos."

"Minha mãe costuma me chamar de exagerada e tagarela. É claro que é uma situação que me incomoda muito, mas já me pego repetindo-a com minha filha, María Jimena. Um dia, depois de chamar a menina de tagarela, ela me olhou com muita raiva. Tinha um espelho na nossa frente e virei-me para vê-la através dele. Percebi que éramos minha mãe e eu quando era garota. Foi uma sensação horrível, mas reconheci que estava repetindo um padrão de conduta insuportável para mim. Decidi mudar isso para sempre, e assim tem sido", conta Olga Collado.

Perguntas

Em nosso afã de ser firmes, temos de nos perguntar:

1. Sentimos culpa ao impor limites? Por quê?
2. Somos consistentes quando colocamos limites para nossos filhos?
3. Somos firmes com as regras e normas que impomos a nossos filhos?
4. O que vemos de nós mesmos em nossos filhos? São condutas que rejeitamos?
5. Adaptamos nossos filhos a nossas necessidades ou nos adaptamos aos seus ritmos, horários e tempos?
6. Temos senso de humor para lidar com a educação de nossos filhos?

4

Quando o desespero bate à porta

O doutor Arturo Mendizábal já viu em seu consultório um grande número de pais queixosos e desesperados porque seus filhos não lhe davam a menor atenção. Garante que há pais de todos os tipos: instáveis, desorganizados, desordenados etc. De todos eles, podemos ouvir frases típicas como "você vai levar uma, hein?", "você vai ver só", "mais uma dessa e te ponho de castigo!". Essas ameaças constantes não são o mais recomendável para o desenvolvimento da criança, pois a confundem e geram insegurança. A esse respeito, ele adiciona:

> O pior é que a criança continua aprontando e nada acontece com ela, o castigo nunca chega. Então, ela não pode ser limitada ou castigada por algo que nem sabe que é incorreto. O desespero e o sentimento de culpa aparecem ao mesmo tempo no pai, que se pergunta: "por que não a detive nem coloquei um limite no tempo certo?"

Desespero e culpa resultam em milhares de crianças atingidas pela exasperação dos pais. Essa é uma realidade dolorosa e, por isso, embora soe como clichê, é bom contar até dez antes de exercer alguma ação física contra o menor.

Muitos pais acreditam na velha frase: "é melhor dar uma palmada na época certa"; o grave é que a palmada se transforma em uma resposta permanente às atitudes da criança. Pior ainda, em muitos casos a palmada deixa de ser apenas isso e vira bofetões, empurrões, beliscões, golpes nas costas ou surras com cinta.

Outra consequência do desespero são as ameaças e os castigos não cumpridos, os quais não podem ser dados simplesmente porque são, na maioria dos casos, absurdos.

> *Entre todos os animais, o mais difícil de manipular é a criança, porque a excelência desta fonte de razão que há nela, e que ainda está por ser disciplinada, resulta ser uma fera áspera, astuta e a mais insistente de todas.*
>
> Platão

Quando era pequena, lembro que minha irmã mais velha respondeu à minha mãe de uma maneira um tanto irreverente (disse algo como "Isto não é problema seu, mãe"). Meu pai, que estava lendo jornal, levantou-se em um piscar de olhos e gritou: "Não responda assim à sua mãe! Você ficará de castigo um mês sem sair de seu quarto".

Não lembro se o castigo inacreditável e aberrante durou um mês, mas posso afirmar que minha irmã ficou em casa pelo menos duas semanas. Meu pai não era homem de bater, mas seus castigos eram tão duros como as palmadas.

Yara Brom, psicóloga infantil, expõe:

> Há a ideia muito generalizada entre os pais de "castigar a criança no que lhe dói", e o certo é que esse conceito tão difundido tem a ver mais com uma atitude de vingança da mãe ou do pai do que com uma atitude corretiva. A medida deveria ser: se você não estudar para a prova, será reprovado; se não fizer a lição de casa, terá uma nota ruim. É necessário ensinar à criança a não fazer as coisas por nós, mas por si mesma. Nós, pais, não somos capazes de permitir que os filhos aprendam a encarar as consequências de seus atos e, quando as coisas não acontecem como esperamos, acreditamos que isso aconteceu porque as crianças queriam nos aborrecer. Quando isso ocorre, muitos pais pensam: "você me atingiu onde mais me dói, agora é minha vez e vou descontar, portanto você não terá bicicleta, nem *videogame* etc".

É muito comum que o comportamento inadequado de nossos filhos detone ataques de fúria aos quais somos suscetíveis. Muitas vezes, nós, mães, carregamos um peso enorme de esgotamento físico, mental e emocional por diversos motivos, e qualquer bobagem da criança nos faz perder a cabeça – então, queremos impor os castigos mais ilógicos.

Os castigos são eficazes?

Um dia, quando esperávamos Gerardo, um amigo de meu filho Daniel, para comer em casa, surpreendentemente recebemos uma ligação chorosa: "Posso falar com o Dan?", disse. "O que aconteceu? Você está chorando?", perguntei. Mal fiz as perguntas e o menino desatou a chorar: "Minha mãe é muito injusta – me deu um castigo por culpa de minha irmã e, agora, não me deixa ir comer na sua casa". "Você deve ter feito algo, as mães não castigam por nada."

É muito comum que o comportamento inadequado de nossos filhos detone os ataques de fúria a que somos suscetíveis

Apenas pela educação o homem pode chegar a ser homem. O homem não é mais do que o que a educação faz por ele.

KANT

O menino se acalmou um pouco e conseguiu me dizer que sua mãe estava de mau humor e havia descontado nele. De repente, nossa conversa foi interrompida quando a mãe de Gerardo tirou o telefone de sua mão e me disse que seu filho estava de castigo. Depois de uma conversa terapêutica, ela confessou ter problemas com o marido e, além disso, sua filha caçula estava doente. Essas duas situações deixaram-na com os nervos à flor da pele e, depois, ela reconheceu que realmente tinha sido injusta com Gerardo e lhe daria permissão para ir comer em nossa casa.

Não acredito que tenha valido a pena que Gerardo se angustiasse e tanta confusão fosse feita se, no final, teve permissão para sair. Para ajudá-lo, Daniel, Lucía e eu cuidamos que passasse momentos agradáveis em nossa casa.

Reconheço que, muitas vezes, ameaço com castigos que não cumpro, ou que as atitudes erradas de meus filhos geralmente não merecem os castigos que impomos. Além disso, muitos pais não têm o hábito de sancionar com castigos que sejam consequências lógicas de suas ações.

Algumas opções para os castigos

1. Mostremos à criança uma forma de ser útil.
2. É necessário demonstrar uma desaprovação.
3. Digamos à criança o que esperamos dela.
4. Ensinemos como a criança pode obedecer de maneira satisfatória para todos.
5. Tenhamos prontas opções que substituam o castigo.
6. Realizemos alguma ação que indique à criança que somos firmes e não cederemos.
7. Permitamos à criança enfrentar as consequências de seu mau comportamento. Mas lembremos que as consequências devem ser lógicas.

As especialistas Nitsch e Von Scheling recomendam não ameaçar nem castigar as crianças com algo que não tenha relação com a ação realizada. Por exemplo: "Você não vai assistir à TV no fim de semana porque perdeu a caixa de lápis de cor na escola". Como não há relação entre os fatos, a criança não assimilará o sentido desses castigos. Em vez de melhorar as coisas, o único resultado é maior resistência e obstinação.

Às vezes, cometi o erro crasso de repreender meus filhos por três coisas diferentes ao mesmo tempo. Como todas as crianças, também têm ouvido seletivo e não escutam nada do que lhes dizemos. O resultado é impor castigos pouco ou nada relacionados com as razões que motivaram minha bronca.

Daniel estava deitado muito à vontade vendo TV quando entrei em seu quarto e vi seus materiais escolares jogados no chão.

"Daniel, venha aqui", ordenei. É claro que o menino não me escutou até a terceira chamada, quando fui pessoalmente recriminá-lo. "O que te falei sobre livros e cadernos? Além disso, os tênis do uniforme estão fora do lugar. Guarde este avião jogado sobre a cama. A jaqueta do uniforme está em cima da mesa da sala de jantar. Você viu como deixou a pasta de dentes?"

"Mãe, o que acontece, não entendi nada do que você disse."

Como vai entender se estou reclamando de cinco coisas diferentes ao mesmo tempo e que não têm nenhuma relação entre si?

"Desligue a TV, você está de castigo", disse. O pior é que desliguei a TV – mas depois de cinco minutos me arrependi e permiti que a ligasse de novo.

Para ser sincera, nem eu entendo, mas reconheço que o desespero, a frustração e meus 20 segundos de mau humor levam-me a aplicar castigos pouco objetivos e incongruentes.

Ofelia de la Fuente aprendeu que "educar não é castigar" e, desde que me disse essa frase, venho tentando ser mais congruente nas consequências de algo que meus filhos fizeram.

"Se milha filha chega atrasada à escola porque não quis se levantar ou demorou mais do que o devido para se arrumar, há consequência pior do que ser suspensa por seu atraso? Essa é uma consequência lógica e de acordo com o tamanho da situação, portanto, é suficiente. Não é necessário castigá-la ainda mais. Por que haveria de fazer isso?", afirma Ofelia.

Atualmente, a palavra castigo parece estar em desuso. Muitas famílias preferem falar de consequências em vez de castigos, mas a realidade é que, embora nos dê trabalho aceitar o conteúdo repressor e autoritário dos castigos, ainda os aplicamos na educação de nossos filhos.

John K. Rosemond destaca que todos nós temos conceitos fixos sobre o castigo. Um deles é a ideia de que ele deve ser acompanhado de uma dose de desconforto que, conforme vai aumentando, fará com que a criança receba a mensagem mais claramente. Ele explica: "Para eliminar condutas inconvenientes, dez palmadas trarão mais benefícios do que apenas uma, e três semanas 'em prisão domiciliar' produzirão uma mudança mais positiva e duradoura do que apenas três dias. No entanto, essas situações causam muita confusão quando surge a necessidade de castigar, mas o castigo não tem de ser doloroso. O melhor para todos é que provoque o menor incômodo possível".

Quando não entendemos os motivos do comportamento de nossos filhos, porque nem nos demos o trabalho de averiguá-los, é quando encontramos todo tipo de justificativa para os castigos

---

Uma mãe com quem tive uma longa discussão sobre castigos afirmava que, se o castigo não dói, para que serve?

Acho que o aspecto principal consiste em averiguar se os castigos servem para alguma coisa. É claro que não defendo crianças malcriadas, sem limites e sem noção de respeito a outras pessoas, mas acredito que os especialistas em educação têm razão quando afirmam que, muitas vezes, o mau comportamento infantil é um reflexo da forma como as crianças são tratadas em casa, na escola e com seus amigos.

Penélope Leach destaca que a maioria das crianças não faz parte da vida de adultos ocupados, com atividades em excesso. Esses menores apenas compartilham uma pequena parte da vida adulta e têm pouquíssima atenção de seus pais – assim, o pai que trabalha longas jornadas com atividades, problemas e valores próprios torna-se um estranho para eles.

Então, que conduta podemos esperar de crianças às quais não prestamos atenção suficiente e, se o fazemos, é só para dar broncas, ordens ou apressá-las?

Nos anos em que trabalhei em tempo integral em um escritório, a última coisa que queria saber ao chegar em casa era de brigas, Barbies estragadas, lições de casa incompletas e crianças chatas. Desejava chegar para descansar e meus filhos queriam que eu chegasse para resolver metade de seus problemas. Quase sempre os resultados eram discussões noturnas, crianças castigadas, lágrimas, gritos e mal-estar, muito mal-estar.

> *Quando não culpamos ou castigamos, deixamos as crianças livres para que se concentrem em assumir responsabilidades em vez de se concentrarem em se vingar.*
>
> Anônimo

Lembro-me de um dia em que fiquei com eles à tarde. Daniel me disse: "Que hora você vai embora? Quando você está em casa nos comportamos melhor, mãe".

Quando não entendemos os motivos do comportamento de nossos filhos, porque nem nos damos ao trabalho de averiguá-los, é o momento em que encontramos todo tipo de justificativa para o castigo. O que aconteceu comigo, e muitas mães concordam, é que imponho os castigos quando já estou à beira do desespero. Quando estou relaxada e visto o uniforme de mãe tolerante, as dificuldades se resolvem "em um piscar de olhos". São momentos nos quais o diálogo flui, não há gritos e as situações nunca terminam em castigos.

Raquel Cymet conta que optou por deixar de lutar contra seus filhos: "Tento não descontar neles as dificuldades que tenho e, se há problemas com as crianças em meus cinco minutos de mau humor, digo que, naquele momento, não estou disponível e que, se insistirem, provavelmente tudo terminará em castigo. É muito engraçado, porque quando há alguma briga ou discussão que precise de minha intervenção, eles me perguntam se estou disponível. Isso me aliviou de muita culpa".

Em seu livro *Padres respetuosos, hijos responsables* (Pais respeitosos, filhos responsáveis), Bárbara Coloroso explica que não se trata de, como pais, nunca perdermos as estribeiras, mas sim de percebermos que, quando a adrenalina anula nossa razão, é o momento de nos afastar e acalmar para, depois, voltar e começar de novo. Nesse instante, estamos em condições de aceitar o conflito e buscar uma solução com nossos filhos.

"Orientação e instrução costumam andar de mãos dadas. Quando damos a nossos filhos a estrutura de sustentação para solucionar seus próprios conflitos, nós os guiamos e instruímos em alternativas contrárias a brigar, evitar ou permanecer passivos."

Patricia Ortega, mãe de Rafael, de 7 anos, acredita que, por princípio, não se deve bater nos filhos. "No entanto, acho que pode haver circunstâncias nas quais a criança tenha se excedido, não entenda os motivos e seja necessário deter sua atitude imediatamente. Talvez nessas circunstâncias seja possível encaixar o ditado 'é melhor dar uma palmada na hora certa', mas não se deve bater muito na criança e é necessário explicar claramente o motivo da palmada. Devemos evitar bater na criança quando estamos nervosos, porque nesse momento estamos descontando a raiva, não disciplinando nosso filho. De qualquer maneira, o melhor é evitar sempre a agressão, física ou verbal."

Como pais modernos, dá trabalho para nós enfrentar a palavra "castigo". No entanto, sabemos que as crianças precisam de limites e viver sob certas regras. Quando a criança não as respeita, deve haver uma consequência e, se nos mantivermos firmes na aplicação dela, será muito mais eficaz do que dar três palmadas ou gritar com ela.

"A firmeza é fundamental, assim como a constância e o acordo entre os pais para estabelecer as consequências que os filhos devem assumir ao romper limites ou desobedecer", afirma Mendizábal.

"Quando Juan Pablo bate em seu irmão mais novo, sabe que seu castigo será deixar de assistir ao seu programa de TV favorito por uma semana. Quando aplico essa sanção, costumo mandar o menino sair da sala. Seu pai aplica a mesma pena de não ver TV, mas apenas desliga o aparelho", afirma Karina Encinas.

Quando as crianças atingem a idade da razão, já conseguiram que seus pais a perdessem.

ANÔNIMO

Mesmo quando a consequência é igual, a forma como os pais de Juan Pablo a aplicam varia, e isso não é ruim. Segundo os especialistas, errado seria se não houvesse acordo entre os adultos com relação ao que vai acontecer com a criança por bater no irmão.

Passei os últimos 11 anos, idade de meu filho Daniel, discutindo com meu marido e não chegamos a um acordo com relação a como aplicaremos os castigos. Discordamos na forma, embora não no essencial. Deu muito trabalho concordar sobre as regras, mas, embora um puxe de um lado e o outro, de outro, é necessário coincidir pelo bem e pela segurança emocional das crianças.

Vamos descartar gritos e palmadas

É comum ter alguém gritando com você? Seu marido costuma te bater por não preparar o que de acordo com ele é uma refeição boa? Não tenho medo de errar ao dizer que não e, seguramente, assim como eu, você pensará: "O dia em que meu marido me bater, peço o divórcio".

Sou a pior inimiga dos gritos e agressões. É claro que grito, antes mais do que agora, mas jamais bato nos meus filhos porque isso não faz parte de minhas convicções.

Bater nas crianças, especialmente quando se torna um hábito, é perigoso tanto física quanto psicologicamente. Os danos que isso pode causar à criança em longo prazo são irreversíveis. No entanto, convencidas de que "há palmadas e palmadas", há famílias que acreditam que uma palmada tem benefícios imediatos. "Deixem esse menino uma semana comigo e eu o conserto a palmadas", comenta a mãe de um amigo de meus filhos referindo-se a um colega deles.

O perigo das palmadas

Localizado no interior das nádegas está o nervo ciático, o mais longo do corpo. Um golpe forte nessa área, especialmente com um objeto duro, pode causar uma hemorragia nos músculos que o rodeiam, com a possibilidade de danificá-lo e lesionar uma das pernas. O cóccix é um osso extremamente delicado na base da espinha dorsal e também suscetível a danos quando uma criança apanha nessa região. Quando crianças são obrigadas a agachar-se para receber uma palmada, há risco de dano a seus órgãos sexuais. Frequentemente, hospitais registram casos de cóccix deslocados e contusões na área genital, resultantes de castigos violentos.

Golpes nas mãos

As mãos das crianças são vulneráveis, especialmente porque os ligamentos, nervos, tendões e vasos sanguíneos estão

→

logo abaixo da pele, que não tem nenhum tecido protetor subjacente. Bater nas mãos de crianças muito pequenas é especialmente perigoso para as placas de crescimento dos ossos, que, se danificadas, podem causar deformações ou deteriorar seu funcionamento. Bater nas mãos de uma criança também pode provocar deslocamento e posteriormente levar ao desenvolvimento prematuro de osteoartrite.

Sacudidelas

Sacudir uma criança pode levar à cegueira, dano ao cérebro e até à morte.

Fonte: Jordan Riah, *Hablando francamente sobre el pegarles a los niños* (Falando francamente sobre bater em crianças).

Sandra López, responsável pela área de psicologia de uma escola primária, destaca que nem palmadas nem gritos funcionam. Ela sustenta que um puxão de orelha ou palmada podem ser, para os pais, saídas desesperadas a uma manha ou um comportamento de seus filhos que os faça perder a paciência. No entanto, muitas vezes a culpa de recorrer a um castigo físico, mesmo que seja moderado, pode fazer que os pais sintam-se mais castigados do que a própria criança; assim, enquanto o pequeno chora em um quarto, a mãe faz a mesma coisa no quarto ao lado.

"Mãe, não grite comigo. Entendo perfeitamente o que você quer que eu faça", disse minha filha Lucía uma noite depois da quarta vez que lhe pedi para ir tomar banho.

Em primeiro lugar, não tenho de pedir quatro vezes para ir tomar banho, ela já sabe o que tem de fazer, nem tenho o direito de gritar porque não tomou banho quando quero que ela vá, já que gritos ofendem, humilham e levam a acumular muita raiva. Também ensinam que as relações humanas têm um componente importante de humilhação e ofensa.

Nunca devemos perder o controle na frente das crianças

Na verdade, dizem os conhecedores, nunca devemos perder o controle na frente das crianças. Quando o filho não respeita as normas acordadas, acontece o que a grande maioria dos pais desejaria evitar: perdemos o controle e começamos a gritar, especialmente quando estamos cansados ou temos excesso de trabalho. Como resultado, a criança perde a segurança, e tudo isso por trivialidades. O pior é que tais arroubos de ira não fazem nada mudar: pelo contrário, o único resultado é disseminar a agressividade.

Perigo: a válvula de escape abriu

Poucos pais podem ser como os livros dizem que deveríamos ser. Que bom! Somos seres humanos imperfeitos. Além disso, na experiência com meus filhos, quando erro ou sou injusta e tenho a capacidade de reconhecer isso perante eles, todos nos sentimos melhor.

Uma vez, minha mãe me ligou para pedir desculpa por um erro que cometeu. Não podia acreditar nisso, porque é uma mulher orgulhosa, e senti-me muito reconfortada por sua ligação e a vi muito mais humana. Da mesma forma como nós, adultos, nos sentimos confortados quando alguém reconhece seu erro ou a injustiça cometida, as crianças sentem-se bem quando algum adulto é capaz de reconhecer diante delas que se equivocou.

Os tempos mudaram muito e, se antigamente os pais davam um safanão no filho para tirar a malcriação ou para evitar que fizesse bobagens, hoje as coisas são muito diferentes e a legislação de quase todos os países do mundo defende os direitos das crianças.

Os filhos não são propriedade nossa, são pessoas vulneráveis e frágeis, e isso não nos dá nenhum direito a agredi-los, física, mental ou emocionalmente.

Marcela Sierra é mãe de uma linda menina de 8 anos. Um dia, a garota estava brincando com as bonecas e, de repente, começou a repreendê-las, dizendo que eram bobas e grossas e que não ia mais gostar delas.

"Quanto mais escutava o que minha filha dizia, mais me surpreendia com o que ela tinha aprendido. Decidi interromper a brincadeira e perguntei por que tratava suas bonecas assim. Sua resposta foi contundente: 'ai, mãe, às vezes você fica assim'."

A influência do meio sobre o comportamento das mães

As mães sempre se deixaram influenciar excessivamente pela sociedade para cometer atrocidades, convencidas de que têm →

um bom motivo. Na Idade Média, batiam com violência nas crianças porque sentiam temor dos segmentos mais repressivos da cristandade, que pregavam que, se os pecados não fossem extraídos a golpes, as crianças iriam para o inferno.
Muito tempo depois, uma mãe do século XVII escreveu: "Hoje sinto dor nas costas de tanto açoitar Susan; ela resistia e o esforço me deu um estiramento".
Além disso, amarravam os bebês com força para evitar que as extremidades ficassem deformadas, sem se dar conta de que, assim, provocavam raquitismo neles.

Fonte: Libby Purves, *Cómo no ser una familia perfecta* (Como não ser uma família perfeita).

Adriana Carmona, advogada penal e pesquisadora da Escola Nacional de Assistência Social da UNAM, garante que as crianças são quem mais vive o drama da violência familiar, por estarem indefesas e nas mãos de seu agressor. A única defesa, caso a denúncia seja feita, é a sanção penal.

A especialista em violência familiar destaca que o maior registro é o de agressão física por golpes.

O erro de bater em uma criança é a lição que se ensina para ela: métodos indesejáveis de enfrentar a frustração. Quando estiver irritado, bata.

Haim Ginott

De acordo com diferentes pesquisas, sustenta a advogada Carmona, quando crescem, as crianças que sofreram violência familiar se transformam em homens agressores e mulheres maltratadas. Consequentemente, observamos que a situação se torna um costume e, em seguida, dá lugar a um círculo vicioso.

Por outro lado, mais da metade dos casos nos quais se apresentam maus-tratos a menores termina com a morte da criança. Em média, a porcentagem de meninas agredidas é de 51,6%, enquanto a de meninos é de 48,4%.

Alguns estudos asseguram que as mães são as que mais agridem, mas, quando os pais são os agressores, costumam atacar a criança com muito mais gravidade.

Muitos pais acreditam que "há palmadas e palmadas". Para falar a verdade, bater com cinto ou dar uma bofetada não é o mesmo que dar uma palmada leve – o problema é quando as agressões se tornam supostos mecanismos de correção e machucam a criança física e emocionalmente.

Sem dúvida, vivemos em uma cultura voltada para castigar e ressaltar o negativo. De acordo com os pedagogos, o ideal seria focar nas condutas positivas da criança, falar sobre o que acontecerá se ela se comportar bem. É importante conversar com os pequenos e deixar que expressem suas emoções. Os pais devem se convencer de que tanto eles como seus filhos estão do mesmo lado.

Em seu livro *Los 10 errores más comunes de los padres y cómo evitarlos* (Os 10 erros mais comuns dos pais e como evitá-los), o doutor Kevin Steede recomenda que, para serem mais eficazes, os pais devem aprender a levar em conta as condutas positivas de seus filhos e premiá-las com sua atenção e elogios. Parece um processo simples, mas pressupõe um esforço considerável de estar atento a essas condutas positivas e recompensá-las.

"É muito fácil cair na armadilha de não perturbar a harmonia e permanecer em silêncio quando as crianças estão se comportando bem", explica Steede.

"Aprendi a reconhecer as coisas boas que meu filho faz, o que o estimula muito a fazê-las cada vez melhor. O que mais funcionou comigo é dizer: 'ei, vi que você colocou os sapatos no lugar, agradeço sua consideração', em vez de falar: 'parabéns, hoje você se comportou muito bem'", conta Esther Arias.

O importante dessa técnica é reconhecer que a criança realizou uma ação concreta, e não dar os parabéns por coisas vagas. A criança deve saber o que fez bem.

Gritos e palmadas não são a única saída de um pai desesperado. É claro que o ideal é nunca perder a paciência com os filhos, mas como isso é praticamente impossível, quando somos pais que não batem geralmente recorremos a outras opções, as quais também não nos levam a lugar algum, como fazer perguntas que sabemos que a criança é incapaz de responder ("por que você fez isso?"), ameaçar sem sentido ("um policial virá te pegar") ou formular questões para que não deixemos alternativas a ela e que, no fundo, são ordens disfarçadas de pedidos ("você pode ficar quieta?"). Todas essas reações são fruto do desespero ou da raiva.

Sempre que quero chamar a atenção de meus filhos, pergunto com muita cerimônia: "por que você fez isso ou aquilo?" É claro que jamais recebi uma resposta.

Definitivamente, e nisso a maioria das mães concorda, para evitar gritos e palmadas na educação de nossos filhos, é necessário estabelecer regras firmes e claras. Como é pouco provável que a criança as acate, o melhor é contar até dez antes que a raiva e o nervosismo tomem conta.

O fato de estar atento às condutas positivas e recompensá-las pressupõe um maior esforço do que reagir impulsivamente a condutas contrárias

Clemes e Bean afirmam que as regras são importantes, porque indicam à criança o que se espera dela e, além disso, evitam a chegada dos momentos de desespero.

"O estabelecimento de regras é um método para organizar a vida em família e permite que as pessoas saibam quais são as suas responsabilidades e as das outras pessoas. Também permite a definição de tempos e obrigações a cada membro da casa."

Apresentamos a seguir algumas recomendações para estabelecer regras, que foram propostas por um grupo de mães entrevistadas. Algumas podem funcionar para algumas crianças, outras não, mas todas estão comprovadas. Vamos lembrar que colaborarão conosco para evitar muitos maus momentos com nossos filhos.

Vamos estabelecer regras razoáveis e adequadas à idade da criança – não esperemos que uma criança de menos de 1 ano obedeça quando a impedimos de explorar o que há ao seu redor. Vamos dar a ela um tempo razoável para que cumpra o estipulado.

Para meu filho Daniel, dá trabalho amarrar o cadarço do sapato, mas é uma das regras que consideramos importante, já que ajuda muito em sua coordenação motora fina, área em que precisa trabalhar mais. Leva mais de cinco minutos para dar o nó, e por isso aprendemos a lhe dar mais tempo do que qualquer outra criança necessitaria – adequamos a regra ao problema de meu filho.

> Para poderem ligar a TV à tarde, meus filhos sabem que devem terminar primeiro a lição de casa, deixar o quarto organizado e a mochila pronta colocada perto da porta para evitar atrasos no dia seguinte. Além disso, reviso se tudo está perfeitamente realizado. Especialistas dizem que, para benefício das crianças, os pais devem verificar se a regra foi cumprida, por isso é importante estabelecer regras cujo cumprimento possa ser corroborado.

"Meu filho Darío sabe que deve levar o lixo à lixeira do edifício. No começo, fazia isso sem o menor cuidado – deixava o chão sujo e a lixeira da cozinha sem tampa e sem saco. Acho que isso foi responsabilidade minha, já que nunca dei as indicações de como tudo deveria ficar depois de tirar o lixo. Falei com ele e até anotamos em um papel as instruções para realizar essa tarefa. Acho que o importante para o cumprimento de uma regra é fazer uma descrição superdetalhada", conta Elisa Bonfil, mãe de Darío, de 12 anos, e Emiliano, de 7.

> *Se uma criança se comporta de maneira inadequada, os pais deverão lhe dar os parabéns quando não se comportar desse modo.*

KEVIN STEEDE

A maioria das mães comprovou que o tempo é uma questão em que as crianças não prestam atenção. Para elas, à tarde pode ser qualquer hora. Por isso, o cumprimento de toda regra deve ter um limite de tempo, que deve ser marcado no relógio ou nas próprias atividades cotidianas da criança.

"Os limites de tempo são necessários para as regras, pois dão a pais e filhos a possibilidade de prever as coisas", afirmam Clemes e Bean.

A falta de cumprimento de uma norma deve ter uma consequência lógica: no entanto, esta não deve nos fazer sentir culpa. Se fizer com que nos sintamos "os vilões da história", é melhor tentar outra coisa.

Perguntas

O humor e a imaginação são necessários para responder a nós mesmos:

1. Somos imaginativos na forma como evitamos e resolvemos os conflitos com nossos filhos?
2. Meu cônjuge e eu concordamos na forma de estabelecer limites e chamar a atenção de nossos filhos?
3. Oferecemos opções às crianças quando não queremos que façam algo?
4. Com que frequência recorremos aos castigos?
5. Repreendemos as crianças frequentemente?
6. No momento em que é necessário aplicar um castigo, recorremos a um que seja consequência lógica da ação da criança ou a outro que não tenha nada a ver com seu ato?

5

Disciplina funciona?

Muitos pais consultados sobre o que entendiam por disciplina na criação dos filhos responderam que é o conjunto de regras e normas que existem em uma família e servem para que os filhos saibam o que podem fazer e o que não é permitido.

Outros opinaram que é a aplicação de sanções e castigos na educação dos filhos. Alguns mais – e concordo com eles – afirmaram que a disciplina é a constância em nossas atividades cotidianas, é nos responsabilizar por nossos compromissos e, além disso, cumprir as regras da família e da sociedade.

Há enfoques diferentes para definir uma palavra que se considera simples, mas que, na verdade, implica vontade, esforço e, sobretudo, constância.

Com que cara vamos pedir a nossos filhos que façam seus deveres escolares todos os dias se eles veem que somos muito desorganizados com nossa própria vida profissional? Como pedir para arrumarem suas gavetas se as nossas são um caos?

A disciplina é, na minha opinião, um dos valores mais importantes na educação infantil. Se formos constantes em nossas atitudes, respostas e até sanções, a criança saberá o que esperar de nós e isso evitará muitos desgostos e conflitos.

No entanto, o mais importante com a disciplina é ensinar a criança a entender o que pode esperar de si mesma. Quando é constante em seus estudos, nas tarefas, na aula de natação ou de dança, com certeza será uma aluna independente, comprometida, que não terá de pedir aos pais para fazer a lição de casa por ela ou que se sentem para estudar com ela.

"Não entendo por que há tantas mães que suspendem todas as suas atividades quando seus filhos estão em época de prova. Você as ouve dizer: 'não posso ir a tal lugar porque estamos em prova'. Estamos em prova? São as crianças que farão o teste, não as mães", afirma Victoria Lezama, professora e psicopedagoga.

Unidas, a ordem e a disciplina levam à liberdade.

María Montessori

Quando uma pessoa é disciplinada, geralmente cumpre as metas que estabelece para si, termina tudo que começa, planeja e, por isso, pode guiar suas atividades em direção a um objetivo. No entanto, o mais importante da disciplina é que as crianças aprendem a se esforçar e trabalhar para conseguir algo.

Anteriormente, nossos pais acreditavam que disciplina e castigo andavam de mãos dadas e até estavam convencidos de que não havia disciplina sem castigos. Para não ir mais longe, os castigos patéticos que nos aplicavam nas escolas tinham uma justificativa: "em nome da disciplina".

Ainda lembro que, quando estava no sexto ano do Ensino Fundamental, um dia me pararam no meio da sala de aula com um chiclete grudado no nariz. "Isso servirá para que cuide de sua disciplina", disse, furiosa, a professora Lucy. Tenho que admitir que, durante muitos anos, acreditei que, para haver uma boa educação, era indispensável impor castigos.

Na verdade, o binômio disciplina/castigos ainda me tortura com relação à criação de meus filhos. Por um lado, sei que a disciplina não deve estar relacionada aos castigos, mas, por outro, considero que sem eles (ou sem ameaças) estou educando um par de indisciplinados – paradoxal, não?

Em seu artigo "Identidade e integridade. Autoridade paterna", Guillermo Covarrubias afirma que a velha ideia de que crianças disciplinadas são filhas de pais e mães que castigam com frequência vem do conceito errôneo, utilizado no passado, de educar as crianças impondo sanções para que cumpram determinadas tarefas.

"Diversos fatores formam a disciplina de uma criança, que não é estabelecida apenas por meio de castigos. Crianças disciplinadas normalmente são filhas de mães e pais que indicam com clareza os limites e exigem seu cumprimento, favorecem a autossuficiência e promovem a criatividade e a tomada de decisões."

O mais importante com a disciplina é que ensinamos a criança a entender o que pode esperar de si mesma

---

Na verdade, crianças que desde pequenas aprendem a se controlar, a se ajudar, a se dar bem com outras pessoas são aquelas cujos pais e professores têm um papel ativo no momento de colocar limites, de impulsioná-las a seguir adiante e encorajá-las a se esforçar pelo que querem. São crianças com boa dose de autoestima.

Como a disciplina se estabelece

Com a formação de hábitos.

Com o aprendizado das regras da família e da sociedade.

Quando se ensina a criança a assumir responsabilidade por suas ações.

Como mães, muitas vezes nos sentimos desorientadas com relação ao caminho que devemos seguir para ajudar nossos filhos a ser disciplinados, mas sem dúvida o primeiro passo consiste em mostrar a eles que nós mesmos somos disciplinados.

O doutor Arturo Mendizábal afirma que a disciplina é a repetição dos limites, a maneira de reforçar o limite. Por isso, é necessário agir no momento exato. As crianças sempre estão testando e medindo até onde podem chegar. Isso é saudável, faz parte da infância. O pai deve ser firme e atuar para que a criança entenda desde a primeira chamada de atenção. Se ela não vir os pais vacilarem, entenderá que esse limite é imutável e, então, compreenderá uma das regras de ouro da disciplina: a constância.

Qual é a chave para que um nadador possa competir mundialmente e até mesmo chegar a ser um medalhista olímpico? Treinar, saber o que pode esperar dos outros competidores e até onde pode chegar. Devemos fazer o mesmo com as crianças. Para conseguir que sejam disciplinadas, devemos conhecê-las, aceitar o que podemos esperar delas de acordo com sua idade e, o mais importante, pois dá mais segurança a elas, saber o que podem esperar de seus pais e das pessoas responsáveis por elas.

"Não acredito que a disciplina consista em castigar a criança ou lhe dar uma palmada para que entenda o que não deve fazer. Meu marido e eu achamos que a melhor maneira de educar nossos filhos com disciplina é saber, em primeiro lugar, do que gostam ou não. Por exemplo, Diego, meu filho de 10 anos, gosta muito de desenhar, então o encorajamos para que seja cada vez melhor. Guardo seus desenhos e, depois, nós os comparamos juntos para que se dê conta de como melhorou graças à persistência, não à intervenção divina", conta Patricia Rojo.

Muitos de nós esperamos que nossos filhos cumpram tarefas ou reajam de forma inadequada para sua idade, porque não nos damos conta dos alcances e limitações da criança. Não é lógico pedir a um pequeno de 3 anos que coma sem se sujar, ou responsabilizar um menino de 7 pela preparação e por servir café quente todas as manhãs.

Para disciplinar uma criança, é importante ser objetivo com relação ao que esperamos dela. Tenho o caso de uma mãe cuja sogra a repreendia constantemente porque sua neta, de menos de 3 anos, não conseguia comer quieta e de forma ordenada.

"O tempo todo ela me dizia que a menina era muito indisciplinada. Cheguei a acreditar nisso, até que falei com a psicóloga da pré-escola, que me disse para não dar ouvidos, pois era pedir muito que uma criança de 3 anos ficasse quieta depois de comer, sentada à mesa e ouvindo a conversa dos adultos", comenta Gabriela Núñez.

Devemos explicar às crianças passo a passo como devem fazer as coisas e, se possível, pedir para nos explicarem como as farão. Esse sistema de repetição faz a criança funcionar melhor, pois a obriga a assimilar e organizar o que deve fazer.

As crianças sempre estão testando e medindo até onde podem chegar. Isso é saudável, faz parte da infância, mas o pai deve ser firme e agir para que a criança entenda o que é pedido desde a primeira chamada de atenção

Eu mesma testei isso e funcionou. Quando chegou o momento de tomarem banho sozinhos, Lucía e Daniel insistiam em abrir a torneira do chuveirinho. Não permiti que fizessem isso até que entenderam e, depois, explicaram perfeitamente: a primeira coisa que tinham de fazer era abrir a torneira de água fria, para evitar queimaduras, e lentamente abrir a de água quente para atingir a temperatura desejada. Também repetiram que sempre deviam pisar no tapete antiderrapante para não sofrerem um acidente.

De acordo com Marcela Macedo, mãe das gêmeas María e Sofía, de 8 anos, e Leonardo, de 11, para criar um filho disciplinado, é essencial ter as regras familiares definidas e informá-las às crianças.

"Apesar de contar com auxílio doméstico, meus três filhos sabem que são responsáveis por colocar a roupa suja no cesto adequado, recolher seus livros e brinquedos e, aos fins de semana, arrumar suas camas. Algumas vezes fico desesperada com a lentidão com que fazem as coisas, mas sei que, se minha pressa vencesse e eu deixasse de ser constante um só dia, muitos esforços, tanto deles quanto meus, viriam por água abaixo. As crianças entendem perfeitamente que, toda noite, seus quartos devem estar em ordem e, aos fins de semana, têm até as 10h30 para arrumar a cama. Isso vem funcionando muito bem comigo e tem sido uma questão de paciência e persistência", comenta.

De acordo com Penélope Leach:

> A autodisciplina é uma planta que cresce lentamente e se enraíza na identificação dos filhos com os pais ou substitutos destes. Aprender a se comportar e sentir-se melhor agindo dessa maneira depende da influência paterna, não do poder, do calor das relações que os adultos oferecem no lugar das ordens que impõem. É necessário mostrar às crianças o que devem fazer e preveni-las para que não façam o que não devem. Além disso, devem-se dar explicações honestas para cada conselho e instrução, elogio e reprimenda, para que possam obter generalizações a partir de um pequeno incidente, incorporando gradualmente grupos de condutas em um grande quebra-cabeça que está sendo criado dentro delas.

Também é possível aprender com as consequências

Outro aspecto que, na opinião dos especialistas, é importante para a disciplina, é permitir que a criança enfrente as consequências de sua conduta. Da mesma forma como um adulto descobre por si próprio os resultados de seu comportamento, a criança também deve vivenciá-los. Essa é uma forma de deixar que cresçam – claro, desde que sua saúde ou segurança não seja prejudicada.

Dois outros aspectos que contribuem para a educação de crianças com disciplina são, de acordo com algumas mães entrevistadas, oferecer opções de condutas adequadas e elogiar seus comportamentos positivos. Por exemplo, se dissermos à criança "não grite, se abaixar o tom de voz te escuto bem", ajudamos que ela evite gritar e fale com um tom de voz distinto. Além disso, se reconhecemos que arrumou sua gaveta direitinho ou como melhorou sua letra, estamos estimulando-a a continuar fazendo isso. Isso é fomentar a disciplina.

Tampouco é necessário esquecer o quanto a consistência é importante para criar os filhos. Esta é, para nós, pais, a prova de nossa autodisciplina. Se a criança sabe que depois das seis da tarde não pode andar de bicicleta, tentará de todas as formas quebrar essa regra. A consistência está, exatamente, em evitar que ela desobedeça e, se o fizer, terá de haver consequências. Nossa firmeza a ajudará a sentir-se segura e assumir que "não pode usar a bicicleta depois das seis da tarde".

A disciplina é muito mais do que um ato ocasional – é parte integral de esperar que as crianças obedeçam. "A capacidade de antecipar as consequências e ajustar sua conduta de acordo com elas é essencial para o desenvolvimento da autodisciplina, o que é a meta essencial da disciplina paterna", expõe John K. Rosemond, autor de *¡Por que lo mando yo!* (Porque quem manda sou eu!).

Atualmente, fala-se muito de disciplina positiva, que significa reforçar as condutas adequadas da criança, em contraposição com o que nossos pais faziam conosco ao nos criticar, desanimar, culpar e impor castigos físicos. Assim era a educação de antes, quando disciplina era sinônimo de castigo. Hoje, a sociedade nos exige e temos a obrigação de aumentar a confiança da criança em si mesma, pensar e sentir como ela para entendê-la, oferecer soluções e, além disso, parabenizá-la por seus esforços.

"Como conseguir isso?", perguntam milhões de mães, algumas que trabalham fora e chegam em casa cansadas, sem vontade de disciplinar os filhos, e outras que têm a sorte de ficar o tempo todo com eles.

A chave, respondem as próprias mães que conseguiram equilibrar a relação com seus filhos, consiste em estar sempre muito atentas para reconhecer em que etapa do desenvolvimento a criança está e ter claro o que queremos fazer para melhorar a vida de nossos filhos.

A consistência está exatamente em evitar que a criança desobedeça e, se o fizer, terá de haver consequências

Muitas de nós podemos pensar que o que queremos é ter filhos felizes, saudáveis e íntegros, que gostem tanto de jogar bola quanto de ler um livro. No entanto, complicamos demais a existência nessa busca pela felicidade, deixando escapar momentos cotidianos que são, essencialmente, o que formam uma vida.

Para mim, por exemplo, custou muito aceitar que meu filho Daniel não é perfeito – como nenhuma criança no mundo é – ou que Lucía é mais baixa e magra do que o resto das garotas de sua geração. Por muitos anos, lutei contra minhas próprias expectativas sobre o que queria que meus filhos fossem.

Desejava – como todas as mães e pais – que se tornassem os melhores em tudo, que aprendessem mais rápido a andar e a comer sozinhos, que fossem os mais inteligentes. No entanto, desde o início de suas curtas vidas começaram as duras lições para sua ansiosa mãe: ambos demoraram muito para engatinhar e caminhar e, com isso, tiraram de mim um motivo de presunção e de concorrência com as outras mães. Daniel sempre detestou as aulas de estimulação antecipada e, além disso, o que menos lhe atrai é o futebol; já Lucía nem de brincadeira praticaria balé.

Quando deixei de lutar contra a imagem dos filhos ideais, entendi que eles precisavam de uma mãe disciplinada e constante. Então, assumi a tarefa de trabalhar com os filhos que tenho, não com os que gostaria de ter tido.

Fernando Savater diz em *El valor de educar* (O valor de educar) que o primeiro objetivo da educação está em nos conscientizarmos da realidade de nossos semelhantes, o que implica considerá-los sujeitos, não meros objetos, protagonistas de sua vida, e não simples comparsas vazios da nossa.

> *A felicidade não é algo que experimentamos, é um momento que recordamos.*
>
> OSCAR LEVANT

Quando deixei de considerar Daniel e Lucía uma extensão do que gostaria de ter sido e compreendi que cada criança é diferente, que cada uma tem suas próprias características e que não podemos fazer delas nossos bonecos, começou a parte mais difícil da maternidade: aceitá-los como são. Não é que não os amasse, mas, nesta sociedade competitiva, os pais esperam ansiosamente que os filhos sejam sempre "os melhores".

"Os pais que investem seu próprio ego nas conquistas futuras dos filhos distraem-se do prazer de aproveitar as crianças tal como são hoje e sentem-se decepcionados quando não conseguem satisfazer suas aspirações para o futuro. O desenvolvimento de seu ego depende do prazer e da aprovação futura – perceber que são uma decepção é um desastre. As crianças devem desenvolver sua autoestima e respeito por si próprias, pois isso maximizará a realização de seu potencial, sua capacidade de adaptação e habilidade de apreciar e respeitar as outras pessoas; precisam ser queridas, respeitadas e até aplaudidas pelo que são, e não pelo que fazem. Isso significa que precisam estar tão seguras de que as conquistas adicionais não podem lhes dar mais amor quanto de que o fracasso não pode lhes privar do amor que têm", explica Leach.

Ofelia de la Fuente comenta que, para ela e sua família, um dos principais valores é a disciplina, e esta tem como ponto de partida o respeito aos demais.

"Falei muitas vezes com minhas filhas sobre o que é disciplina e, sobretudo, fiz que aprendessem por meio do exemplo. Sabem que o objetivo é aprender a ter controle sobre si mesmas. Se a mais velha precisa fazer uma pesquisa escolar e deixa tudo para a véspera da entrega, o resultado será desfavorável. É mais difícil fazer minha filha caçula gerenciar seu tempo, mas com paciência e constância está entendendo que a disciplina pressupõe responsabilizar-se por seus compromissos, suas ações e seu tempo."

Silvia Singh, especialista na formação de professoras Montessori, destaca que, atualmente, há uma geração de adultos que tem ideias muito confusas sobre liberdade, disciplina e limites. Em parte, tal confusão foi gerada por toda a bibliografia acerca da frustração infantil e o suposto freio ao desenvolvimento da criança quando há limites, o que evita o crescimento.

Isso produz uma grande insegurança nos pais, que já não podem contar com as bases do que foi sua educação e procuram outra coisa, mas não sabem o que. Muitos chegaram a acreditar que colocar um limite ou frustrar a criança esporadicamente significa afetar seu desenvolvimento para sempre e que a criança será uma pessoa infeliz.

De acordo com Silvia:

> Há pouca clareza sobre as diferenças entre desenvolvimento infantil, liberdade e felicidade. Muitos pais, por exemplo, chegaram a acreditar que a meta final de seus filhos deve ser a felicidade, e para mim isso não parece certo.
>
> A felicidade são momentos. A vida e, portanto, o processo educativo de nossos filhos implicam desenvolver tranquilidade e aceitação de si mesmos, com suas capacidades e limitações, paz interior, mas isso não quer dizer felicidade.
>
> Liberdade e disciplina, por sua vez, andam de mãos dadas, são as diferentes faces da mesma moeda. Liberdade significa que o ser humano tem a possibilidade de desenvolver suas potencialidades.

A isso se soma o fato de realmente entender o desenvolvimento natural e apoiar a criança para que cresça dentro dele, mas se, como pais, não o entendemos, então acreditamos que nosso filho é desobediente e aplicamos uma grande variedade de supostas normas disciplinares que somente freiam seu crescimento.

> **Complicamos a existência nessa busca pela felicidade, deixando escapar momentos cotidianos que são, essencialmente, o que forma uma vida**

As recomendações dos especialistas e também de outros pais sempre são bem-vindas e bastante úteis. No entanto, o que fazemos com a educação de nossos filhos é uma decisão familiar com base em nosso estilo de vida, na idade das crianças, no temperamento de cada membro da família e nos problemas que surgem pelo caminho. Independentemente de tudo que criamos, é importante não esquecer que um dos melhores presentes que podemos dar a nossos filhos é saber responder.

Perguntas

Obviamente, a disciplina funciona desde que saibamos responder a nós mesmos, como pais:

1. Lembramos como foi nossa infância e a forma como nossos pais nos impunham limites?
2. Quando damos uma ordem às crianças, fazemos isso de maneira convincente ou perguntamos muito sutilmente se a querem acatar?
3. Somos suficientemente claros quando damos indicações à criança?
4. Quantas vezes temos de repetir as instruções à criança?
5. Temos um conceito claro do que é a disciplina? Soubemos transmiti-lo a nossos filhos?

6

Eliminemos as rotinas e os horários

Yanina Meléndez, mãe de Fernando, de 9 anos, Ana Paula, de 7, e Daniela, de 4, conta o seguinte caso:

— Oi, sou Mario, posso falar com o Fernando, por favor?

— Com o Fernando? Ele foi dormir há uma hora.

— Já foi dormir? Eu estou indo jantar agora.

— Jantar, Mario? São quase 22h.

— Eu durmo às 23h, às vezes às 20h30 ou 21h.

"Meu marido não conseguia acreditar que um menino de 9 anos ficasse perambulando a essa hora da noite, quando seus filhos dormem todos os dias no máximo às 20h30.

E o fato é que eu, com tudo relacionado a horários e rotinas, me considero excessivamente exigente.

Na verdade, essa é uma de nossas brigas noturnas – quando meu marido chega à noite, quer que todos estejam acordados lhe esperando, mas sou da opinião que, se você deseja conviver com as crianças, deve respeitar as rotinas e chegar um pouco mais cedo, nem que seja duas vezes por semana."

Claro, às nove da noite o que qualquer mãe mais deseja é dar um beijo de boa-noite nos filhos e apagar a luz do quarto para não saber nada deles até a manhã seguinte, mas, em muitos casos e casas, o pai chega cinco minutos antes de as crianças dormirem e cria um grande alvoroço.

Já vivi isso na própria pele e, nessas ocasiões, respiro fundo e me conformo: meia hora mais de risos, crianças entrando e saindo do meu quarto, mais copos de água e, de novo, começa o ritual: "mãe, você me cobre?", "mãe, você não me deu um beijo", "onde está meu boneco?" etc.

No entanto, enquanto para nós, adultos, esses rituais são esgotantes, para as crianças a consistência da rotina é garantia de segurança. De acordo com os especialistas – inclusive os pediatras –, é com a repetição de situações e experiências que as crianças aprendem.

Assim, rotinas cotidianas firmes, bem estabelecidas e seguras criam filhos que escutam, cooperam e até parecem gostar de ir para a cama em um horário razoável ou da transição de uma atividade a outra.

As rotinas são padrões e hábitos dos quais as famílias dependem para lidar com sua vida diária.

Nós, como pais, buscamos formas de nos organizar e economizar tempo, e são exatamente as rotinas que nos ajudam. No caso das crianças, elas dão uma noção de identidade, estabilidade e constância.

Quanto melhor se ensina um exercício, mais estimulante ele parece para ser repetido frequentemente.

MARÍA MONTESSORI

De acordo com Daniela Canovas, em seu artigo citado, estabelecer horários e rotinas cotidianas para atividades como banho, brincadeiras, refeições e sono faz parte de uma disciplina sensata e justa que oferece grande apoio ao desenvolvimento neurológico, à inteligência e à fortaleza emocional da criança, ensina a esperar e a tolerar a frustração quando seus desejos não são cumpridos.

Isso a fortalece e a torna mais criativa, já que a impulsiona a criar outros caminhos para atingir seus objetivos.

> Assim, reconhece novas possibilidades em si mesma e no exterior. A disciplina amorosa lhe dá a tranquilidade de crescer em uma estrutura social sólida, que lhe ajudará a edificar seu caráter como uma força interna que a protegerá durante toda a vida, ensinará a renunciar aos caprichos, respeitar sua integridade e a de outras pessoas e a se esforçar para atingir as metas escolhidas em liberdade.

Crianças precisam contar com limites previsíveis. A repetição cotidiana de determinadas atividades garante a elas que o mundo é um lugar seguro e, além disso, sabem o que esperar dos demais e o que os demais esperam delas. Por isso, é muito importante que tenham horários e rotinas perfeitamente estipulados. Para elas, é primordial saber o que vai acontecer depois de tomar banho, comer, fazer a lição de casa, ir à aula de música etc. Uma criança sem horários ou com uma vida cotidiana caótica dificilmente poderá se sentir segura ou tornar-se responsável por seus atos.

A família, ou as pessoas responsáveis por ela, é a principal fonte de formação para a criança. Sua autoestima, seu crescimento, sua capacidade de comunicação e o desenvolvimento adequado de suas potencialidades dependem do que fazemos com ela. A responsabilidade que temos é enorme e, para a criança, é fundamental ter uma vida mais ou menos organizada.

É com a repetição de situações e experiências que as crianças aprendem

Angélica Corona, divorciada, tem dois filhos: José Miguel, de 6 anos, e Javier, de 9. Ela reconhece o quanto é difícil ser mãe solteira, apesar de os garotos verem seu pai todos os fins de semana, e comenta:

"Eu os instruí perfeitamente em matéria de horários e isso tem ajudado muito. Algumas vezes, quando chego do trabalho, Javier me pede para revisar a lição de casa, mas sabe que deve estar concluída, eles devem estar de banho tomado e ter jantado para que, no máximo às nove e meia, estejam dormindo. Tem sido muito importante para os meninos saber que sua vida está organizada. Quando me divorciei, houve um caos enorme na casa, mas as rotinas cotidianas ajudaram muito meus filhos a não sentir que o mundo estava caindo sobre suas cabeças.

Continuaram indo à escola, ao futebol, ainda veem os avós paternos a cada 15 dias. É claro que houve muitos ajustes em nossa vida diária, mas, com ou sem divórcio, sempre temos de ajustar as rotinas e os horários à idade das crianças. Não podemos pedir para uma menina de 10 anos ir dormir às sete e meia."

Por outro lado, na casa dos Amézquita, as coisas não fluem tão bem: nenhuma das três crianças tem horário para ir dormir e, por isso, nos dias de escola, minha amiga Mónica luta muito para que se levantem. Cecilia, sua filha de 11 anos, faz a lição de casa enquanto vê a novela da tarde, e para Victor, de 8, é necessário pedir infinitas vezes que desligue o *videogame* e termine os deveres.

O bebê de 1 ano e meio chora, às vezes de fome, outras de sono, e ninguém o repreende. No entanto, é uma família feliz. Os pais se dão tremendamente bem – o que, para os filhos, é básico –, vão juntos ao clube todos os fins de semana, as crianças não são as mais brilhantes da escola, mas têm boas notas e, além disso, gostam de esportes.

"Olha", disse Mónica, "sei que o ideal para meus filhos seria ter uma mãe em tempo integral, uma vida muito bem organizada e horário para dormir, mas faço o que posso. Acho que o mais importante é que as crianças estejam saudáveis, e meus filhos estão."

> *A educação familiar funciona pelo caminho do exemplo, não por reuniões discursivas de trabalho, e está apoiada por gestos, humores compartilhados, hábitos do coração, chantagens afetivas junto à recompensa de carinhos e castigos.*
>
> FERNANDO SAVATER

Também é certo que crianças sem rotinas nem horários podem tomar banho de manhã ou à tarde e não acontece nada, também crescerão saudáveis e felizes, mas (e acho que aí está a diferença entre uns e outros) esta mãe reconhece que seus filhos são muito desorganizados e não se dão bem com a disciplina. "Faltaram firmeza e limites claros para mim", comenta.

Os conhecedores do tema afirmam que a reiteração das rotinas diárias ajuda a criança a desenvolver uma noção de responsabilidade. Da mesma forma, a capacidade de organizar atividades e pertences pessoais tornará os dias mais fáceis para a família.

Tenho amigas que colocam a mochila dos filhos no carro na noite anterior; outras pedem para as crianças deixarem o uniforme pronto antes de dormir. "Se pudesse deixar as lancheiras prontas no dia anterior, seria muito feliz", afirma uma delas.

A família e a formação de hábitos

Com relação à responsabilidade que a família tem na formação de hábitos nas crianças, o doutor Alfredo Morín, especialista em terapia familiar, afirma que a crise que essa instituição atravessa atualmente afetou muito a forma como as crianças crescem e se desenvolvem. Isso acontece porque, por exemplo, com relação a rotinas e horários, é difícil ter padrões cotidianos imóveis.

É importante considerar isso porque talvez para as mães de antigamente fosse mais simples organizar o tempo das crianças, mas agora há muitas mães que trabalham, são solteiras ou divorciadas, para quem não é tão fácil estabelecer horários para cada atividade. O contraditório nisso tudo é que, embora o perfil da família no mundo tenha mudado, as necessidades das crianças sempre serão as mesmas: horários, rotinas, uma família acolhedora, atenção e tempo de qualidade.

Silvia Baeza, professora titular da Clínica Psicopedagógica da Universidad del Salvador, Argentina (*El rol de la família en la educación de los hijos* – O papel da família na educação dos filhos), indica:

> Na família há laços afetivos primários, modos de expressar afeto, a vivência do tempo, distâncias corporais, linguagem, nossa história. A família é, por excelência, o campo das relações afetivas mais profundas e constitui um dos pilares da identidade de uma pessoa.

Família, casa e escola são três pontos importantes no desenvolvimento da criança. É nesses ambientes que limites, disciplina e rotinas diárias adquirem forma e significado para a criança, e daí ela tira elementos para crescer e se desenvolver.

"É uma pena que as crianças de hoje fiquem tão pouco tempo em casa com sua família, são filhos de avenidas movimentadas, vias expressas e carros. De casa para a escola, da escola para a aula de pintura, dali à natação, depois vamos ao supermercado, chegamos em casa para fazer a lição de casa e vamos para a cama dormir", narra María Eugenia Pérez, diretora de uma prestigiada pré-escola.

No entanto, as inegáveis transformações que a família sofreu não justificam que ela perca seu lugar de eixo na vida da criança. Seja formada por quem for, é importante que o menor sinta seu apoio na vida diária.

A família, principalmente a mãe, disse um psicanalista, deve representar o papel de "posto de gasolina" na vida dos filhos: estar sempre ali, aberta para quando for necessário abastecer o tanque de combustível.

A comodidade, a segurança e a estabilidade emocional que a família dá permitem à criança dedicar-se ao que tem de fazer: brincar, crescer e importunar os adultos com todo tipo de pedidos. Nós, adultos, devemos nos dedicar a criar um espaço adequado para que a criança se desenvolva melhor do que nós.

Família, casa e escola são três pontos importantes no desenvolvimento da criança. É nesses ambientes que limites, disciplina e rotinas diárias adquirem forma e significado para a criança

---

Depois que completaram 8 anos, Lucía e Daniel defendem como verdadeiros advogados seu direito de brincar depois de fazer a lição de casa. Assim, tive que cortar todo tipo de atividades extracurriculares em nome dos direitos das crianças: "Mãe, não quero ir à aula de natação, já sei nadar, e também não quero ir ao basquete nem ao caratê, quero ficar a tarde toda brincando, ver meu programa favorito às sete, tomar banho, jantar e dormir", reclama Daniel.

Isso, visto em termos competitivos, deixa-nos fora da jogada, porque seu amigo que tem menos atividades é um garoto que vai duas vezes por semana ao *tae kwon do*. Uma criança sem nenhuma atividade vespertina é uma heresia. Já se virmos em termos práticos, isso favorece a todos, mas principalmente a mim, porque economiza saídas, trânsito e brigas com o tempo. O melhor é, sem dúvida, que meus filhos fiquem à vontade em casa.

"Quando uma criança sente que a casa onde mora é sua, é seu espaço, devemos aproveitar a oportunidade para estimular nela rotinas e hábitos de ajuda doméstica", afirma Luz Elena Montes, educadora.

Elaine St. James, em seu livro já mencionado, recomenda que, além de ensinar nossos filhos a cuidar da roupa e de seus pertences pessoais, simplificaria muito nossa vida fazer que eles participem das tarefas domésticas cotidianas.

"Faça que seus filhos colaborem nas tarefas diárias desde pequenos e dê mais responsabilidade na medida em que cresçam e saibam fazer mais coisas", recomenda.

"Desde os 5 ou 6 anos, minha filha María José dobra e guarda sua roupa, e agora, que tem 10, até me ajuda a cozinhar. Na verdade, aos fins de semana as crianças preparam o suco e arrumam a mesa. Mais tarde, todos nós limpamos a cozinha, cada um arruma sua cama e fazemos revezamento para aspirar o tapete. Tenho uma lista colada na geladeira onde aparecem nossos nomes e o dia do mês no qual devemos realizar as diferentes atividades de limpeza da casa. As crianças não as veem com desgosto, e sim como parte de suas obrigações", acrescenta.

Recomendações úteis para obter a cooperação de nossos filhos

Segundo Mercedes del Toro, se queremos que nossos filhos colaborem conosco nos afazeres domésticos, não devemos

→

avaliar o que ou como fizeram – simplesmente devemos descrever o que vemos. "Vejo uma escrivaninha arrumada, gavetas com roupa bem dobrada e uma mochila no lugar. É isso o que chamo de responsabilidade. Para mim essa recomendação funcionou."

Além disso, podemos colocar em prática o seguinte:

- É necessário descrever o que nos incomoda: seu uniforme está no chão, seus lápis de cor estão em meu quarto, você deixou o banheiro muito desarrumado.
- É necessário dar informações à criança a respeito disso: o uniforme vai amassar, estou passando o aspirador e você pode perder os lápis, sua irmã ainda não tomou banho e merece um banheiro limpo.
- Temos que dizer à criança o nome exato do que nos incomoda: Mario, seu uniforme, Andrea, seus lápis de cor, Inês, o banheiro.
- É importante descrever o que sentimos: você não gosta da ideia de passar o uniforme outra vez, não haverá lápis de cor novos, o banheiro estava limpo antes de você usá-lo.

Realizar as tarefas da casa deveria ser um hábito para as crianças. Todos deveriam ajudar de acordo com suas possibilidades e pontos fortes. Desde que a criança aprenda a falar, as normas devem ser estabelecidas, não discutidas; mas infelizmente sempre encontramos desculpas fantásticas para justificar a falta de colaboração dos filhos nos afazeres do lar e temos argumentos melhores ainda para evitar incomodá-los, porque "vêm muito cansados da escola".

> *A família é aquela que tem de se ocupar de si mesma quando ninguém mais o fizer.*
>
> PURVES

Também reconheço que me deixei seduzir pelo doce "por favor, mãe, arruma minha cama, estou muito cansada" de Lucía. Depois nos queixamos de que não recolhem nem uma meia. Concordo com quem afirma que é necessário deixar as crianças descobrirem por conta própria.

A tarefa mais difícil: estudar

Muitos pais entrevistados afirmam que as tarefas escolares ou as tardes de estudo durante os períodos de prova são problemáticas, porque não é fácil a criança querer estudar em outro lugar que não seja a escola. Não sou inimiga da lição de casa nem das provas, mas também não sou sua aliada. Embora nunca diga isso na frente de meus filhos, acho que as escolas se excedem nas cargas diárias de trabalho para fazer em casa.

Uma tarde, perguntei a Lucía sobre a quantidade de lição de casa que haviam dado e respondeu que, na verdade, era muito pouca, mas quando começou a dizer no que consistia, fiquei surpresa com sua visão das coisas.

"Olha, é pouca: matemática, espanhol, fazer um desenho sobre a primavera, duas páginas de caligrafia, responder este questionário de História, duas páginas do livro de inglês e memorizar um poema. Pouca, não?"

Nunca entendi se sua resposta era irônica ou se a menina realmente acreditava que eram poucas tarefas. A verdade é que me pareceu uma quantidade enorme para sua idade.

Claro que é dever da família contribuir para formar hábitos de estudo nas crianças, mas nós, mães, resistimos a vê-las todas as tardes sentadas na escrivaninha preenchendo páginas de redação e respondendo a questionários sobre partes da flor. A escola sempre responde: "Senhora, procure outro colégio. As portas deste estão abertas".

Também acredito que muitas mães se envolvem demais nas tarefas escolares e preocupam-se em excesso com as notas dos filhos. É só ir à hora da saída de qualquer escola da cidade e escutar centenas de mães perguntarem a seus filhos: "Como foi na prova? Entregaram as notas? Quem tirou a nota mais alta?".

O melhor seria tirarmos da cabeça a ideia de que, ao qualificar as tarefas de nossos filhos, os professores estão dando notas a nós, seus pais, e depois conseguir despertar na criança um interesse legítimo pelo aprendizado.

Há muitos métodos e cada família encontrará o que melhor funciona para seus filhos. Existem pessoas que aprendem repetindo, outras fazendo pequenos resumos, algumas ainda preferem compreender mediante leitura em vez de repetir várias vezes. Não sou especialista no assunto e, por isso, não posso nem afirmar qual método é o melhor, mas estou convencida da importância de os pais apoiarem sempre a escola e, assim, evitar confusão na cabeça das crianças.

É muito importante que as crianças tenham horários e rotinas perfeitamente estipulados, incluindo também espaços para descansar e brincar

---

Daniel, diferentemente de Lucía, reclama o tempo todo da grande quantidade de lição de casa que a professora deixa. Sempre digo que esta é a norma da escola e que, se quer continuar, deve aceitar as regras. No fundo o apoio, mas nem sempre é possível ter tudo o que se quer.

Seja muita ou pouca lição de casa, boa ou má, o ponto é o que nós, pais, podemos fazer para que o hábito de estudar se torne leve e atraente para as crianças.

Os especialistas fazem uma série de recomendações para a criação de hábitos de estudo que, de preferência, devem ser estabelecidos entre os 8 e 9 anos, ou seja, no quarto ou quinto ano do Ensino Fundamental. Antes disso, devemos trabalhar em conjunto para corrigir e ajudar as crianças com seus deveres. Quando elas chegam em casa depois da escola, não é necessário pressionar para que façam a lição de casa.

De preferência, devemos dar a elas tempo livre para descansar e brincar. O mesmo cansaço que nós mães sentimos ao chegar em casa do trabalho e ter de revisar tarefas é o que as crianças sentem quando chegam e pedimos que façam seus deveres de escola. Não sei por que, mas sempre temos pressa para que terminem –

acho que pouquíssimas vezes deixamos que façam as coisas em seu próprio ritmo.

"Mãe, por favor, não me peça para sentar agora e fazer a lição de casa. Deixa eu descansar pelo menos 10 minutos", pede Lucía quando me vê chegar a seu quarto depois de comer.

Convencida de que uma mesa enorme era ideal para as tarefas, gastei tempo, dinheiro e economias em uma muito funcional. No início, todos ficamos muito entusiasmados com a compra e cada um de meus filhos tinha sua cabeceira especial para fazer os deveres da escola. Um tempo depois, decidiram que o chão é o melhor lugar para fazer a lição de casa. Lucía tem uma maneira muito estranha de se sentar para trabalhar, mas que funciona para ela. Quando se trata de fazer desenhos, pede permissão para escutar um pouco de música – não necessariamente clássica. Por fim, encontraram a melhor forma de se acomodar e é assim que eu, pouco a pouco, venho cedendo a seus pedidos. Por outro lado, eles nunca me dizem como devo trabalhar no computador, portanto merecem o mesmo respeito.

A única coisa que não permitimos a eles – e eles nem sequer tentaram negociar isso – é fazer a tarefa à meia-luz, enquanto assistem à TV ou comem.

> *É uma pena que os pais vejam o desempenho escolar de seus filhos como um número.*
>
> Anônimo

Custou-me muito aceitar isso, mas Daniel e Lucía estão muito longe de ser crianças que, tranquilamente e com postura ereta, sentam-se à mesa para estudar, ou que não se levantam nenhuma vez até que terminem.

Daniel tem uma maneira curiosa de se concentrar quando está estudando; anda por toda a casa com o livro na mão, chega a meu quarto e deita na cama ou no chão respondendo às perguntas de seus questionários. Seguramente os educadores não concordam com esse sistema, mas as crianças sempre cumprem suas obrigações e, desde o dia em que parei de insistir para que trabalhassem na mesa, os problemas acabaram.

O que a escola significa?

Como pais, devemos transmitir a nossos filhos que o ato de aprender é divertido. Para isso, podemos considerar o seguinte:

- as crianças passam pelo menos 14 anos de sua vida na escola;
- é na escola onde sentem pela primeira vez a separação de sua mãe;
- é na escola onde realmente aprendem a dividir com outras crianças o brinquedo, o trabalho e o tempo;
- é na escola onde medem sua capacidade de trabalho e enfrentam a exigência diária do professor;
- é na escola onde deixam sua infância.

De acordo com Claudia Rendón, mãe de três crianças no Ensino Fundamental, devemos deixar que as crianças tenham alguns momentos de descanso enquanto fazem a lição de casa. "Compreendi isso quando meu filho de 7 anos foi diagnosticado com déficit de atenção. Os outros dois não têm esse problema, mas não acham ruim ter 10 a 15 minutos de intervalo entre uma tarefa e outra."

María del Carmen Granados, professora do Ensino Fundamental, garante que, como o tempo de concentração varia de acordo com a idade da criança, temos de estabelecer também períodos de descanso para evitar a fadiga, já que esta reduz a qualidade do trabalho:

> Por exemplo, uma criança no Ensino Fundamental pode estudar durante 20 minutos sem se cansar, e depois disso pode descansar cinco minutos; depois dos 20 minutos seguintes, poderá descansar dez, isto é, aumentar cinco minutos de descanso a cada 20 de estudo, de tal maneira que, em duas horas, cobriu um tempo de estudo de uma hora e vinte minutos e descansou 35 minutos. No início, pode dar algum trabalho, mas, com persistência, o hábito de estudo se reforça sozinho.

A capacidade de organizar as atividades e os pertences pessoais fará que cada dia seja mais fácil para a família

---

Também na formação de hábitos de estudo, devemos tentar facilitar a vida das crianças e, principalmente, para nós mesmas. Um bom exemplo são as tarefas mais complicadas. Devemos estimular que as façam primeiro, uma vez que, como estão começando com seus deveres, ainda não estão cansadas nem mal-humoradas. Além disso, se são deixadas tarefas para o fim de semana, devemos fazer que as terminem no sábado de manhã, assim terão todo o domingo livre.

"Minhas filhas são especialistas em me pedir as coisas mais estranhas para a tarefa no domingo às oito da noite. Fernanda lembra que precisa de um mapa sem os nomes dos bairros, recortado e colado em cartolina para a aula na segunda-feira. Sofía chora porque a professora pediu que fizesse três páginas do livro de ortografia, são nove da noite e acabou de se lembrar disso", desabafa Laura Juárez.

É claro que estamos ali para ajudar, embora não seja o ideal. Devo confessar que já enviei recados às professoras, assumindo a culpa por alguma tarefa que meus filhos não fizeram.

"Você não entendeu que deve deixar que enfrentem as consequências de seus esquecimentos", diriam a mim tanto a psicóloga escolar quanto a diretora se soubessem disso, mas não consigo evitar de fazer isso e confesso que a culpada por essa atitude é minha mãe. Quando era pequena, se fazia um pouco de frio em algum dia da semana, ela nos dizia: "Não, crianças, hoje vocês não vão à escola, está muito frio". Outras, quando não terminávamos a tarefa, enviava recados que evitavam que a professora nos repreendesse por não termos feito a lição de casa. É claro, nunca me deixou arcar com as consequências de meus esquecimentos escolares, mas eu também não abusava. Minha mãe, além de estar presente em tempo integral, sempre nos apoiou e tratou com carinho e respeito, embora fôssemos pequenos.

Isso bastou para ter bons hábitos de estudo. Assim como as crianças devem aprender desde cedo determinadas condutas básicas, como lavar as mãos ou escovar os dentes, segundo os especialistas, é fundamental fomentar nelas a criação de hábitos de estudo que permitam que enfrentem o sistema educacional da melhor forma possível.

O homem que é muito velho para aprender agora foi uma criança muito nova para aprender antes.

ANÔNIMO

"Este costume é indispensável no momento de entrar, mais tarde, na faculdade, e até para um desempenho ideal no mercado de trabalho quando forem adultas", afirma Granados.

"Em qualquer educação, por pior que seja, há aspectos positivos suficientes para despertar, em quem a recebeu, o desejo de melhorar o caminho de aprendizado daqueles pelos quais logo será responsável. A educação não é uma fatalidade irreversível e qualquer um pode se redimir das coisas ruins que viveu na sua, mas isso não implica ficar indiferente à educação de seus filhos, e sim exatamente o contrário", sustenta Fernando Savater.

Perguntas

Para a formação de hábitos e rotinas na família, devemos nos perguntar:

1. Levamos a sério e com responsabilidade nosso papel como principais exemplos na educação de nossos filhos?
2. Repetimos os padrões de conduta com os quais fomos educados? Eles funcionam?
3. Nós nos colocamos no lugar de nossos filhos ou fazemos com eles coisas que não gostaríamos que fizessem conosco?
4. Nossos filhos têm seus deveres domésticos claramente estabelecidos? Entendem isso?
5. Nossos filhos fazem a lição de casa, tomam banho e comem na mesma hora todos os dias, isto é, têm uma rotina clara e bem estabelecida?
6. Quando vamos introduzir alguma mudança na rotina de nossos filhos, nós os avisamos ou os pegamos desprevenidos?

Bibliografia

BAEZA, Silvia. *El rol de la família en la educación de los hijos*. <www.salvador.edu.ar>. Consulta feita em set. 2000.

BAPTISTA, Pilar. "Autoestima e comunicação no lar". Revista *Para Educar*, México, 1995, ano 1, n. 3.

CANOVAS, Daniela. "Para educar a ser felizes". *Aprendamos juntos*, México, set./out. 1998.

CLEMES, Harris; BEAN, Reynold. *Cómo disciplinar a los niños sin sentirse culpables*. Diana, México, 1995.

COLOROSO, Bárbara. *Padres respetuosos, hijos responsables*. Vergara, Argentina, 1999.

COVARRUBIAS, Guillermo. "Identidad e integridad. Autoridad paterna", *Revista Digital de Educación y Nuevas Tecnologias*, n. 9, jul. 2000 (http://contexto–educativo.com.ar).

LEACH, Penélope. *Los niños primero: todo lo que deberíamos hacer y no hacemos por los niños de hoy*. Paidós, España, 1995.

NITSCH, Cornelia; VON SCHELING, Cornelia. *Límites a los niños. Cuándo y cómo*. Médici, Espanha, 1999.

PURVES, Libby. *Cómo no educar um hijo perfecto*. Paidós, México, 1994.

____. *Cómo no ser una familia perfecta*. Paidós, Buenos Aires, 1996.

ROSEMOND, John K. *¡Porque lo mando yo!* (2). Leo, México, 1998.

RUBIO, José. *Narciso, la máscara y el espejo. Estudio del carácter humano.* Edamex, México, 1993.

SAPHIER, Ruthann. *Parenting Tips for the Strung Out Mom and Dad – a Toolkit* (http://www.toolkitsforliving.com).

SAVATER, Fernando. *El valor de educar.* Instituto de Estudos Sindicais da América, México, 1997.

SOL, Ana. *La importancia de los limites.* <http://www.familiadigital.com>. Consulta feita em 28 jun. 2001.

ST. JAMES, Elaine. *Simplifica tu vida con los niños. 100 maneras de hacer más fácil y divertida la vida familiar.* Paidós, Espanha, 1998.

STEEDE, Kevin. *Los 10 errores más comunes de los padres y cómo evitarlos.* EDAF, Espanha, 1999.

STOWE, Virginia K. *Educar niños felices y obedientes con disciplina positiva. Estrategias para una paternidad responsable.* Oniro, Espanha, 1999.

Impressão e acabamento:
GRÁFICA AVE-MARIA